Le trou dans le mur

Œuvre en page couverture : GALLAGHER, Denise, *Le trou dans le mur*, dessin numérique, 2012. www.denisegallagher.com

Photographie de l'auteur : Philip Gould.
Conception graphique : Jovette Cyr.

CATALOGAGE AVANT PUBLICATION DE BIBLIOTHÈQUE ET ARCHIVES CANADA

Arceneaux, Jean
    Le trou dans le mur : fabliaux cadiens / Jean Arceneaux.

(Acadie tropicale)
ISBN 978-2-89691-111-0

    1. Cajuns--Folklore. 2. Contes--Louisiane. I. Titre
II. Collection: Collection Acadie tropicale

GR111.F73A72 2012   398.209763   C2012-901438-9

DISTRIBUTION EN LIBRAIRIE AU QUÉBEC
Diffusion Prologue
1650, boulevard Lionel-Bertrand
Boisbriand (Qc) J7E 4H4

AILLEURS AU CANADA ET EN EUROPE
Les Éditions Perce-Neige   editionsperceneige.ca
22-140, rue Botsford   perceneige@nb.aibn.com
Moncton (N.-B.)   Tél. : (506) 383-4446
Canada E1C 4X4   Téléc. : (506) 857-2064

Conseil des Arts du Canada   Canada Council for the Arts   Patrimoine canadien   Canadian Heritage   Brunswick New / Nouveau

Nous reconnaissons l'appui financier du gouvernement du Canada
par l'entremise du Fonds du livre du Canada (FLC).

La production des Éditions Perce-Neige est rendue possible grâce
à la contribution financière du Conseil des Arts du Canada et de la
Direction du développement des arts du Nouveau-Brunswick.

Ce livre est conforme à la nouvelle orthographe.
www.orthographe-recommandee.info

JEAN ARCENEAUX

Le trou dans le mur

Fabliaux cadiens

LES ÉDITIONS PERCE-NEIGE

Collection Acadie tropicale

Les fabliaux cadiens
de Jean Arceneaux

« *Moi le Maitre-de-langue, ma tâche est*
d'éveiller mon peuple aux futurs flamboyants
Ma joie de créer des images pour le nourrir,
ô lumières rythmées de la Parole ! »
L. S. Senghor

En l'an 2000, Barry Jean Ancelet était directeur du département de Langues modernes à l'Université de Louisiane à Lafayette. J'ai fait sa connaissance lors de l'entretien que j'ai eu avec les étudiants et les membres de la faculté. Depuis, notre complicité repose sur un socle d'amitié solide et immuable. C'est lui qui m'a initié au courir du Mardi Gras des hommes et des femmes à Petit Mamou. Pour m'expliquer l'enjeu de ce cérémonial, il a payé le Capitaine pour faire fouetter l'un de ses amis. Malheureusement pour lui, l'ami désigné avait monté subtilement et substantiellement l'enchère. Alors, non seulement Barry avait perdu ses vingt dollars, mais s'était fait fouetter sous mon regard à la grande satisfaction de l'assistance. À l'époque, j'ignorais qu'il entretenait une relation spirituellement cérébrale avec son alter égo. Depuis, j'ai croisé, par intermittence, Jean Arceneaux, dans les couloirs du département, au détour d'une discussion, entre deux portes, deux phrases, deux éclats de rire autour d'une bière, d'un verre de thé à la menthe, d'un Porto, ou d'un plat de couscous interculturel au porc, à l'alligator et à la tortue, aux chevrettes... quand Barry reprenait le masque de l'autre. Cet autre, je l'ai connu plus intimement en 2003 après la publication de son livre poétique *Suite du loup*. Le programme de l'un de mes cours, établi par les étudiants eux-mêmes, réclamait deux séances consacrées à la poésie louisianaise à laquelle j'étais totalement étranger. Je me suis alors rabattu sur *Suite du loup* que Barry m'a offert et j'ai invité l'auteur et son double à assister au cours. Bien évidemment, c'est Jean Arceneaux qui s'est présenté et a occupé une chaise au fond de la salle pour écouter mon laïus. Mais je savais que Barry n'était pas loin, qu'il se cachait derrière son propre miroir, ce double de lui-même qu'il honore comme son frère jumeau. Pour briser la glace, j'ai focalisé mon analyse sur l'inconscient du texte en expliquant à mes étudiants ce que dissimulaient les mots. À la fin du cours, Jean Arceneaux, doublé de son alter ego Barry Jean Ancelet, m'a félicité pour l'étude réalisée à partir de son texte. « J'ai écrit ce recueil de poésie, m'a-t-il dit, sans jamais spéculer sur sa dimension psychanalytique. Je suis très content que tu aies réussi à démontrer cette dimension importante de mon poème ! »

Folkloriste, spécialiste de l'oralité, Barry Jean Ancelet à dédié sa vie à la réhabilitation de la langue française et à la sauvegarde de la mémoire louisianaise en collectionnant quelques milliers de contes, chansons, légendes, blagues, ballades, proverbes... qui circulaient encore dans la région. Jean Arceneaux, son alter ego, l'a presque toujours accompagné dans ses *turbulences* intellectuelles. Ce projet a été amorcé au début des années 1970 alors que Barry était jeune étudiant et Arceneaux encore inconnu du public. Sur la couverture de *Suite du loup*, Barry fait naitre son alter ego en 1978, et lui a donné un de ses prénoms, ainsi que le nom de sa grand-mère paternelle. Depuis, ils sont devenus les deux masques d'un même visage. Ce travail de préservation est un pacte de reconstitution d'une mémoire collective. Il constitue aujourd'hui un fonds important d'archives qu'il a initié et développé à l'Université. Sa détermination de transcrire cette tradition orale a facilité l'analyse d'un vaste corpus qui a permis son utilisation dans un projet de valorisation de l'imaginaire vernaculaire des Cadiens et des Créoles de Louisiane. Une partie importante du projet consistait à développer un système de transcription capable de rendre l'oralité aussi fidèle que lisible. Avec des collègues comme Richard Guidry et Amanda LaFleur, le travail sur ce système a permis son utilisation dans plusieurs publications y compris le *Dictionary of Louisiana French as Spoken in Cajun, Creole and American Indian Communities* (Jackson: U Press of Mississippi, 2009). Les principes de transcription continuent d'évoluer et servent de base à l'élaboration des *fabliaux* de cette collection. Le défi pour lui était de rendre par écrit le parler cadien. Mais comment capter par écrit toutes les périphéries du conte ? Comment consigner les silences du conteur, ses hésitations, son humeur, ses trous de mémoire, sa gestuelle, l'expression de son visage, de son regard ainsi que l'attitude et l'état des écoutants, l'atmosphère du moment...? Un conteur lui a expliqué un jour qu'il était impossible de tout enregistrer et qu'il n'était pas nécessaire d'essayer de tout consigner. Souvent, le mieux est d'écouter et de réintégrer ces histoires dans son identité moderne et dans sa vie. Ce fut pour lui une révélation. Il a compris que de la collecte des données à leur transcription, l'écrit gagnait en constance ce que l'oralité perdait en spontanéité et en instantanéité.

Barry a grandi dans une famille de conteurs et il a passé beaucoup de temps dans le barbershop de son père et autour de son barbecue pit. Son alter ego l'a souvent suivi dans les plantations, les cafés, les bars, les camps de chasse, le long des bayous et sur les bateaux avec des amis qui avaient des dons de conteurs. Les premières transcriptions l'ont induit dans une drôle de relation avec les fabliaux français du Moyen Âge et de la Renaissance. Même sens de l'humour carnavalesque qui se réjouit de transgresser les lois de l'autorité, même légèreté de ton, même sens d'une moralité paysanne..., le tout construit sur une stratégie narrative provenant directement de l'oralité. En Louisiane, me dit-il souvent, « nous n'imitons pas les fabliaux, mais nous continuons plutôt à puiser dans nos traditions afin de restituer à notre mémoire une part de son identité perdue par la force du verbe et la magie du langage ». Ce ne sont pas des paroles en l'air. Depuis des décennies, Barry Jean Ancelet organise chaque année au mois d'octobre le festival acadien où la chanson en français cadien est à l'honneur matin et soir pendant trois jours. Depuis près de trente ans, il anime chaque samedi soir à Eunice un concert de musique ou le chant cadien entraine les couples, jeunes et vieux, dans des danses cadencées et circonspectes. Chaque deuxième samedi de janvier, il célèbre chez lui l'avènement de la nouvelle année par le fameux cochon de lait auquel des centaines d'amis et artistes sont conviés. Comme dans un festival, la foule des invités circule dans toutes les chambres et les groupes de musique occupent tous les coins et les recoins de la maison. Cette année, les musiciens étaient si nombreux qu'il y en avait même dans les toilettes ! Son attachement à son identité linguistique se lit d'emblée sur la porte de son bureau et sur le mur du couloir tapissé d'annonces publicitaires pour tels festivals et récitals de poésie ou telles autres conférences et rencontres culturelles en francophonie. Dès lors, il n'est pas étonnant que son épouse, ses enfants et même son petit-fils portent tous des prénoms français (Caroline, Jean, François, Louis, Émile, Clélie et Étienne).

Sur un coin de la porte de son bureau, cet écriteau qui ôte toute ambigüité:

« Ici, on parle aussi anglais ! »

À méditer sur le sens de « on » et de « aussi » ! Pour lui, sa langue maternelle, la langue du terroir et des origines, vient avant la langue dominante en Louisiane. Le choc de la lutte est donc dans les mots et avec eux. Shakespeare faisait dire à Hamlet : « des mots, des mots, rien que des mots ! » Et ces mots donnent un sens à notre existence, à notre être dans le monde.

Dans ce recueil, Barry Jean Ancelet prête sa plume à Jean Arceneaux, et Jean Arceneaux prête sa voix à Barry Jean Ancelet pour rendre compte, par un petit trou dans le mur, de la richesse du patrimoine oral de la Louisiane et de sa diversité à travers un répertoire de choix de textes racontés-par-écrits (cette oraliture qui allie oralité, écriture et littérature), partant du principe que « la langue française n'est pas une charpente, mais un marteau ». C'est Barry-Arceneaux qui le dit. Moi je pense que cette langue n'est pas une cathédrale. Elle est tout juste un clou planté dans l'abécédaire de l'Académie française dont nous sommes, nous écrivains de la diaspora francophone, le marteau. Chaque mot de nos idiomes injecté dans la langue française, chaque expression nouvelle, est un coup de marteau dans ce clou qui enrichit sa texture et rend sa substance plus vivante encore.

Abdelhak SERHANE
Écrivain en résidence et professeur titulaire
au département de Langues Modernes à UL Lafayette

Jean Arceneaux est l'alter égo de Barry Jean Ancelet. Écrivain, conteur, chansonnier, professeur titulaire en études francophones à l'Université de Louisiane à Lafayette, il s'intéresse à la charpente des mots et des idées. Ensemble, il participe à la production d'articles, livres, festivals, concerts, disques, expositions et documentaires. Il s'associe également pour créer des poèmes, pièces, chansons et contes, tous engagés et motivés par le fait français.

Ayoù se coucher?

I y a un vieux-t-homme et une vieille femme qui s'ont marié en deuxièmes noces. Ils estiont un peu vieux, mais ils ont décidé de prendre un voyage de noces quand-même. Le premier soir, ils ont arrêté dans un tit motel sur bord de la route. Ils ont pris une chambre et ils ont commencé à se préparer pour se coucher.

Le vieux bougre, lui, il a été dans la chambre à bain et il était après brosser ses dents. Il était planté là dans la porte avec ses dents dans une main et la brosse dans l'autre, après les brosser, et sa nouvelle femme, elle, alle a venu à côté du lit et alle a commencé à se préparer pour se coucher. Lui, i la guettait faire. A s'avait deshabillé et alle était déjà dans sa blouse.

I y avait une tite table à côté du lit. Alle a été et alle a ôté sa perruque, a l'a mis sus la tite table. Alle a ôté son râtelier, a l'a mis sus la tite table. Alle avait un œil en cristal. A l'a ôté, a l'a mis sus la tite table. Alle avait une jambe en liège. A l'a ôté, mis sus la tite table. Là a s'a tourné sur sa bonne jambe pour se laisser tomber dans le lit.

Quand alle était couchée, a figurait son nouveau mari qu'était toujours dans la porte après la regarder. Il avait arrêté de brosser. A dit, « Quoi, c'est notre premier soir de noces. Tu viens pas te coucher? »

I la regarde, i dit, « Ouais, mais, » i dit, « j'ai envie d'espérer pour voir si t'as fini de mettre des affaires sus la tite table avant que je décide ayoù je vas me coucher, dans le lit ou sus la table. »

Bétaille z-affaire

Il y a une femme qui voulait acheter quelque chose pour son mari. Ça s'adonnait pas trop, trop, mais sa fête à lui s'en venait, et alle a jonglé qu'a y aurait acheter quelque chose pour pas qu'il ait de quoi à plaindre. Ça se parlait tellement pas qu'alle avait pas une bonne idée quoi acheter, ça fait, alle a été au village pour voir dans les magasins. Alle a passé devant un magasin qui vend des animaux et alle a eu l'idée d'y en acheter un.

Alle a rentré dans le magasin et alle a dit au commis qu'a voulait quelque chose pour son mari. I dit, « On a des tits chiens et des tits chats. Ça c'est vaillant. »

A dit, « Non, je voudrais pas y donner n'importe quoi. » A dit, « J'aimerais y donner quelque chose de rare, quelque chose que pas tout le monde aurait. »

I dit, « Mais, dans ce cas là, j'ai un perroquet droite ici. »

« Non, » a dit, « c'est trop commun. »

I dit, « J'ai une tortue... »

« Non, » a dit, « pas ça non plus, mais, » a dit, « quoi c'est ça là-bas dans le coin ? Ça qui ressemble un tit pilot de duvet. »

« Oh, » i dit, « ça c'est une bétaille z-affaire, mais, » i dit, « Madame, tu veux pas ça. »

A dit, « Quoi faire? J'ai jamais entendu parler de ça. »

I dit, « Mais, i y a peut-être une raison pour ça, Madame. » I dit, « Tu veux pas ça dans ta maison. »

A dit, « Mais là tu me fais curieuse. » A dit, « Quoi faire? »

I dit, « OK, guette. Je vas te montrer. »

I y avait une pelote sur le plancher. I dit, « Bétaille z-affaire, la pelote. »

Quand il a dit ça, le tit pilot de duvet s'a déroulé et ça a sauté dessus la pelote, et ça l'a déchiré en miettes. I dit, « Tu vois? »

A dit, « Oh... »

I dit, « Guette ça. » I y avait une petite boite en bois contre le mur. I dit, « Bétaille z-affaire la boite. »

L'animal a sauté sur la boite et ça l'a dévasté. Les écharpes de bois volaient tout partout.

A dit, « Mais, ça.... »

I dit, « Tu vois, Madame. Tu veux pas quelque chose comme ça pour ton mari. »

A dit, « Je vas le prendre. » A dit, « C'est justement ça que je veux pour lui. »

I dit, « Madame, quoi c'est dans le tonnerre tu veux faire avec quelque chose comme ça? »

A dit, « Je vas te dire quoi je veux faire avec ça. » A dit, « Je vas mettre ça au milieu du plancher, droite quand tu ouvres la porte pour rentrer dans la maison, et je vas espérer pour mon mari s'en revient. Et quand i va arriver au milieu de la nuit, saoul, comme i fait tout le temps. Ça a pas besoin d'être sa fête. I va arriver au milieu de la nuit, saoul, et i va voir ça sur le

plancher et i va se mâter et i va dire, «Quoi c'est ça?»
Et moi, je vas y dire, «Ça, c'est une bétaille z-affaire.»
Et i va dire, «Bétaille z-affaire mon derrière.» C'est
justement ça je veux pour lui.

Cinq veaux

Un homme était après retourner à son village après un grand voyage au Texas pour voir sa famille. Ça faisait plusieurs jours qu'il était sur le chemin, et le temps y durait de revoir sa chère maison. Il avait pensé qu'il aurait pu se rendre ce soir-là, mais le soleil était après coucher, et i y restait toujours plusieurs miles de chemin à faire. Ça fait, i s'a arrêté à une maison ayoù i y avait du monde qu'i connaissait manière de loin.

I cogne à la porte, et c'est le père de la famille qu'a ouvert, en disant, « Mais, t'es pas un garçon à défunt Parlange, toi ? »

I dit, « Ouais, justement, c'est moi. »

L'autre dit, « Mais quoi c'est tu fais icitte, à este heure-là de la soirée ? »

I dit, « J'étais au Texas et ça fait plusieurs jours que je sus après voyager pour retourner, et je croyais me rendre à la maison ce soir, mais je sus trop loin. Je me demande si je pourrais rester avec vous-autres passer la nuit ? »

Le père de la famille y dit, « Mais sûr tu peux rester avec nous-autres. Rentre et assis-toi là. On va préparer un lit pour toi dormir à soir. »

Quand l'homme a rentré dans la maison, il a vu

que la famille était après se mettre à la table pour souper. I s'a assis sur une chaise contre le mur, comme le père de famille y avait dit de faire. Et tous les autres s'ont assis à la table, et ils ont commencé à manger. Et lui, il était là après regarder, et c'est qu'il avait faim après sa grande route.

Tout à l'heure, le père de famille y dit, « Mais raconte-nous-autres ton grand voyage. T'as dû voir un tas des nouvelles affaires depuis que t'as quitté d'icitte. Quoi c'est que t'as vu de plus fort ? »

I dit, « Ça j'ai vu de plus fort… ? » I jongle un élan, et là i dit, « Un jour, j'ai vu une vache qu'avait eu cinq veaux en même temps. »

Le père dit, « Cinq veaux ?! Mais ma parole d'honneur, ouais, ça c'est bien fort. » I dit, « Mais, une vache a juste quatre tétons. Quoi c'est le cinquième veau faisait tandis que les quatres autres tétaient ? »

« Quoi c'est qu'i faisait ? » I dit, « Well, i faisait comme moi. Il espérait son tour. »

Ils ont fait une place pour lui à la table.

Ciseaux ou couteau

Ça fait qu'i y avait un vieux bougre et pis sa femme qu'étaient après travailler autour du feu un soir après souper. Et la femme avait besoin de couper un bout de quelque chose, ça fait alle a demandé son mari d'y attraper les ciseaux dans le tiroir à côté d'ayoù il était assis.

I dit, « Quoi c'est tu veux faire avec des ciseaux ? »

A dit, « Je veux couper ça icitte. »

I dit, « Mais t'as besoin d'un couteau pour couper ça. »

A dit, « Well, je veux des ciseaux. »

I dit, « Je te dis, tu devrais couper ça avec un couteau. »

A dit, « Je te dis, je veux des sacrés ciseaux. Quelle différence ça peut bien te faire, quand-même ? »

I dit, « C'est juste pour le principe. Use un couteau, espèce de bourrique. »

A dit, « Mange de la miche. Je vas user des ciseaux. »

La chicane a pris. Chacun était accroché à son bord. Ça a venu si mauvais que eusse s'a quitté. Pour pas plus que ça, à savoir si alle allait couper este tit bout de quelque chose avec un couteau ou des ciseaux. Le vieux bougre a quitté de la maison avec un change de linge en criant, « Couteau ! » et la vieille femme l'a suit à la porte en criant « Ciseaux ! »

Quelque temps après, les affaires s'avaient calmé. Ils ont décidé de se reprendre. Le vieux bougre retourne à la maison. I dit, « Vieille, c'est quand-même bête, hein ? Se quitter pour rien comme ça. »

A dit, « Mais t'as raison, vieux. Juste parce que je voulais des ciseaux. »

I dit, « Et que t'aurais dû user un couteau. »

A dit, « Je te dis, je voulais des ciseaux ! »

I dit, « Couteau ! »

A dit, « Ciseaux ! »

Ça a repris encore. Lui criait « Couteau ! » et elle, a criait « Ciseaux ! » Après un élan, lui, i sort dehors toujours en criant « Couteau ! » Elle, a le suit en criant « Ciseaux ! » Le vieux bougre se fâche et il attrape sa femme et i la garroche dans le bayou en criant « Couteau ! » Elle, a connaissait pas comment nager, mais a s'a débattu pour sortir sa tête de l'eau et crier « Ciseaux ! » Alle a calé, puis là alle a réussi à sortir sa tête encore. « Ciseaux ! » alle a crié encore avant de recaler. La troisième fois, alle a pas pu sortir sa tête, mais elle a réussi à sortir une main pour faire signe avec ses deux doigts de couper comme des ciseaux avant de recaler encore.

Le vieux bougre l'a attrapé par les cheveux avant qu'a s'en aille à la dérive. Quand il a sorti sa tête, a l'a regardé dans le blanc des yeux. Alle a craché l'eau qu'alle avait dans sa bouche, et a dit en toussant, « Ciseaux ! »

Confiance en Dieu

Une fois, i y avait un ouragan qui s'en venait et tout le village était après quitter pour aller à la terre haute. Les officiers passaient dans tous les voisinages pour voir si quelqu'un aurait peut-être eu besoin de l'aide pour partir. Et la pluie a commencé à tomber joliment fort avant qu'ils ont eu fini.

Quand ils ont arrivé chez vieux Monsieur Royer, il était dessus sa galerie après guetter l'eau monter dans sa cour. L'officier a crié, « Hé, on est là pour te sortir si tu veux. Tu peux charger ça t'as besoin de prendre en arrière du truck et on va t'amener au nord. »

« Non, » i dit, « Je sus catholique et je prie tous les jours et j'ai confiance que le Bon Dieu va me soigner. »

« Well, OK, » ça dit, « mais on voulait t'offerre la chance de t'échapper quand-même. »

« Non, » i dit, « je vas rester. »

Ils ont quitté et ça a commencé à mouiller plus fort. L'eau était après monter vite. Ça a commencé à rentrer dans la maison à Monsieur Royer, et il a eu pour monter dans son grenier. I guettait la pluie après tomber par le châssis en haut, quand il a vu des officiers arriver dans un bateau.

Un crie, « Hé, Monsieur Royer, t'es toujours là-dedans ? »

Il ouvre le châssis et i crie, « Ouais, je sus toujours là. »

Ça dit, « On a venu pour te chercher, te sortir si t'es paré pour t'échapper. »

« Non, » i dit, « c'est comme j'ai dit aux autres qu'a venu t-à l'heure-là. Je prie au Bon Dieu tous les jours et j'ai confiance qu'I va s'occuper de moi. »

« OK, » ça dit, « mais on voulait t'offerre la chance. » Et i l'ont quitté.

Après quelques minutes, ça a commencé à tomber plus fort toujours. Ça mouillait des clous. Vieux Monsieur Royer a eu pour casser un trou dans sa couverture pour monter en haut de la maison.

Il était grand debout dessus le fait quand il a vu un hélicoptère passer en haut. Un officier dans la porte a crié, « Monsieur Royer, c'est l'heure tu quittes ta maison. L'eau a pas proche fini de monter et t'es pris sur ta couverture. »

« Non, » i dit, « j'ai déjà expliqué aux autres qu'a venu avant que je sus catholique et j'ai confiance que le Bon Dieu va me sauver. »

Ça dit, « Ça fait i y a pas rien qu'on peut faire pour changer ton idée ? »

« Non, » i dit, « je vas être OK. Tracassez-vous autres pas pour moi. »

Ça fait, ils l'ont quitté encore. Et l'eau a monté, monté jusqu'à que pauvre Monsieur Royer a noyé.

I s'a trouvé à la porte du paradis devant Dieu et saint Pierre. Et i dit, « Je peux pas croire que vous-autres m'a laissé mourir. Après tout ça j'ai dit à tout cez-là qui passaient pour me sortir, que j'étais un bon catholique, que je priais tous les jours et que j'avais confiance en Toi. »

Dieu dit, « Well, je t'ai envoyé un truck, et un bateau et un hélicoptère. Je connais pas quoi d'autre tu voulais. »

Courir nu-pieds

Une fois, i y avait deux amis qu'avaient été à la chasse aux écureuils. Ils étaient rendus joliment loin dans le grand bois qui court sur le côté de l'Atchafalaya pas loin de Fordoche quand ils ont entendu le plus gros sérail. Les branches d'arbre craquaient et les z-oiseaux s'envolaient. Ça se tourne pour regarder quoi ça pouvait être et ils ont vu un grand ours sortir d'une talle d'éronces.

I y a un qui dit à l'autre, « C'est pas la peine on le tire. Ces tits vingt-deux qu'on a, ça va juste l'enrager. »

L'autre y dit, « Ouais, mais, quoi c'est qu'on va faire ? »

« Ha ? » le premier dit, « je connais pas pour toi, mais, » i dit, « moi, je vas me préparer. » Et i s'a assis et i commence à ôter ses souliers.

L'autre y dit, « Quoi faire t'ôtes tes souliers ? »

I dit, « Parce que je peux courir plus vite nu-pieds. »

L'autre dit, « Tu peux pas courir plus vite que este ours. C'est vite, ça. »

I dit, « J'ai pas besoin de courir plus vite que este ours. J'ai juste besoin de courir plus vite que toi. »

Demandez-moi pour des pêches

Mon père a tout le temps réussi dans son jardin et dans son verger. I faisait du jardinage et des fruits pour tout la famille. Ma mère cannait aussi vite qu'a pouvait pour pas gaspiller arien.

Et dans son verger, il avait plusieurs arbres à fruits, des figuiers, des poiriers, et des pêchers.

Un jour, i dit, « On dirait que quelqu'un est après voler mes pêches. » I dit, « Je les vois après murir, pis là je les vois pus. » Et i s'a mis à guetter par le châssis de la cuisine. Chaque fois qu'i passait, il aurait arrêté pour quelque temps pour voir s'i pouvait pas attraper quelqu'un dedans ces arbres.

Un dimanche matin, de bonne heure, il avait fini de boire sa première tasse de café et il avait commencé pour se préparer pour aller à la messe. Et il a passé devant le châssis et il a vu deux jeunes garçons sauter la barrière et commencer à casser des pêches. Il a pas dit arien. Il a été dans sa chambre et il a attrapé son fusil. Il a retourné à la porte. Il a sorti dessus les escaliers avec son fusil et il a crié, « Demandez-moi pour des pêches ! »

Tu pouvais voir que les deux garçons avaient peur. I comprenaient qu'ils étaient pris, mais ils ont pas compris quoi il avait dit. I y en a un qu'a dit, « Quoi ? »

Mon père a levé le fusil et il a dit encore, « Demandez-moi pour des pêches ! »

L'autre garçon a dit, « Est-ce qu'on peut avoir des pêches ? »

Mon père a baissé son fusil et il a dit, « Prenez ça vous-autres veut. Asteur vous-autres peut pus les voler. » Et il a rentré dans la maison.

Les deux garçons ont resauté la barrière et on les a pas vus encore.

Deux frères au bal

Il y a deux frères qu'avont été au bal ensemble un soir. Ils étaient beaucoup proches, et un regardait pour l'autre. Ça s'adonnait bien. Et i y en a un qu'aimait beaucoup danser, et l'autre, lui, il aimait boire. Ça fait le danseur a été sur le plancher de danse et il a commencé à demander des danses de toutes les belles filles qu'étaient là. Le buveur, lui, il a été à la barre. I s'a acheté un gobelet de bière et il a commencé à boire.

Tout à l'heure, i y a quelqu'un qu'arrive à la barre tout manière essoufflé. I dit au buveur, « Hey, tu devrais peut-être aller voir à ton frère. Il était après danser joliment collé avec une belle tite fille et son beau a arrivé. Ils ont eu du tracas et l'autre bougre l'a assommé avec un coup de poing. »

Le buveur avait bu quelques bières et il était rempli de courage. I dit, « Oh non. Je peux pas croire que quelqu'un aurait fait ça avec mon cher tit frère. Ayoù il est ? »

L'autre dit, « Il est à plat sur le plancher de danse. »

Ça fait, le frère a foncé pour voir, et comme de fait, il a trouvé son frère couché endormi au milieu du plancher avec un gros nocoyo sur son front ayoù le bougre l'avait cogné. Ça l'a enragé du coup. Il a commencé à crier devant tout le monde. Il a arrêté les musiciens, et là i s'a mis à crier à toute la salle, « Le maudit vaut-rien qu'a eu le toupet de cogner mon frère comme ça, s'il a assez de courage, j'aimerais qu'i me montre sa vilaine figure. » I dit, « Moi, j'aurais quelque chose à y dire. »

I y a un colosse d'homme qu'a sorti de la foule et i s'a approché. Il avait à peu près six pieds et demi de haut. I pesait à peu près deux-cent-cinquante livres, pas une once de graisse. Il était plus grand que les deux frères ensemble. Il avait un grand mouchoir rouge autour du cou, et sa chemise était rouverte jusqu'au jabot. I dit, « C'est moi qu'a cogné ton frère. » I dit, « Quoi c'est tu voulais me dire ? »

L'autre y dit, « Boy, tu y a mis, hein ? »

Deux yeux noirs dans l'église

Un après-midi tard, Boudreaux arrive à la barre comme d'habitude pour boire un tit coup avec ses amis. I s'assit au coin de la barre à côté de la bande et demande une bière froide comme d'habitude. Quand ils ont commencé à y parler, ils ont remarqué que ses deux yeux étaient noirs et proche fermés.

I y en a un qui dit, « Hé, Boud, quoi c'est i y a eu avec toi ? »

I dit, « Quoi tu veux dire ? »

L'autre dit, « Quoi je veux dire ? Tu connais quoi je veux dire. T'as deux yeux noirs. » I dit, « Quoi c'est qu'a arrivé ? T'as eu une bataille avec ton beau-frère encore ? »

« Non, » i dit, « mon beau-frère me donne pus de tracas depuis que ma sœur l'a repris. »

« Well, » l'autre dit, « i y a quelque chose qu'a arrivé. »

I dit, « Je vas vous dire, mais, » i dit, « personne ferait mieux pas rire. »

« Oh non, » un autre a dit, « personne va rire. »

« OK, » i dit, « ça a arrivé dans l'église... »

« Dans l'église ! » un dit, « Ça, c'est riche. Comment ce que t'aurais pu avoir deux yeux noirs dans l'église ? » Plusieurs de ses amis essuyaient leurs sourires avec leurs mains.

« Dans l'église, » i dit. « J'étais à genoux après dire mon chapelet. Le prêtre était après bénir le vin. I y avait une femme à genoux droite en avant de moi. Joliment une grosse femme, mais bien habillée. J'étais après regarder son chapeau. Alle avait un drôle de chapeau avec des plumes rouges. Quand je baissais mes yeux pour recommencer à dire mon chapelet, j'ai vu que sa robe avait grimpé entre ses fesses. Ça fait je m'ai penché et j'ai attrapé sa robe et je l'ai sorti de sa craque. Jack, a s'a tourné de bord et a m'a sacré un coup de point. A m'a frappé si fort que je m'ai assis. »

« Oh, » ça dit, « et a t'a frappé sur le front ? C'est comme ça que t'as eu deux yeux noirs ? »

« Non, » i dit, « a m'a eu avec un cross dessus l'œil gauche. »

« Well, comment t'as eu l'autre œil noir, hé bein ? »

« Well, quand a s'a remis d'à genoux, j'ai figuré qu'alle était pas contente avec ça que j'avais fait, ça fait je m'ai penché encore et j'ai remis sa robe comme je l'avais trouvé et c'est là qu'a m'en a filé donné un autre. »

Exaucer un souhait

Un matin de bonheur, Prospère et Tit Lou étaient après aller à la chasse. Ils étaient supposés de rencontrer le beau-frère à Prospère au landing à quatre heures et demie pour être surs d'arriver au blind à l'heure. Et Tit Lou avait arrivé manière tard parce qu'il avait pas pu trouver ses bottes ayoù Lilly Mae les avait serrées. Ça fait, Prospère était après rouler joliment vite, mais i y avait pas personne d'autre sur le chemin quand-même.

Équand ils ont passé à travers de la Pacanière, Prospère a vu deux lumières bleues dans son mirroir. « God damn, je peux pas croire, » i dit. « Quoi tu crois ça c'est pour ? » Il a drive pour une autre demi-mile, mais l'officier les a pas passé. Ça fait, i s'a halé sur le côté.

L'officier a arrêté en arrière. Il a débarqué de son char et il a venu au char à Prospère. Prospère a baissé sa vitre et i dit, « Quoi i y a ? »

« Quoi i y a ? » l'officier dit. « Quoi i y a ? T'étais après aller proche cinquante miles à l'heure droite à travers de downtown Pacanière. C'est ça quoi i y a. »

« Oh, well, » Prospère dit, « on est parti à la chasse et on est manière tard. »

« Well, tu vas d'être un peu plus tard que tu croyais. Donne-moi ta licence et tes papiers et ton assurance. »

« Oh, je peux pas croire que tu vas me donner un ticket. C'est le milieu de la nuit. I y a pas personne d'autre qu'est réveillé. »

« Comment tu fais pour connaitre que personne d'autre est réveillé, » l'officier dit. « Tu crois que i y juste vous-autres qu'est parti à la chasse ?

« Well, » Prospère dit, « si tu vas me donner un ticket, fais-le vite d'abord. Et laisse-moi m'en aller. Mon beau-frère est après nous espérer. »

L'officier se choque. Il attrape Prospère par sa chemise. I le hale à moitié à travers de la vitre avec sa main gauche et i y passe une bonne raclée avec sa droite. Là i le renfonce dans son char. Prospère a pas dit une autre parole tandis que l'officier a fini d'écrire le ticket.

L'officier était chaud. I garroche le ticket dans le char. Et là, i fait le tour du char et i rouvre la porte et il attrape Tit Lou par le col. I y passe quelques tapes à lui aussi, et i le renfonce dans le char.

Tit Lou dit, « Hey, moi, j'ai pas dit arien. Quoi c'est ça pour ? »

L'officier dit, « Je juste après exaucer ton souhait. »

« Exaucer mon souhait ? » i dit. « Quoi c'est tu veux dire ? »

L'officier dit, « Je connais comment vous-autres est. Quand vous-autres aurait parti, après quelques minutes, t'aurais dit, 'Hé ! Dommage il a pas essayé ça avec moi !' Ça fait, j'ai exaucé ton souhait à l'avance. »

L'habitant et le professeur

Une fois i y a un habitant qu'était après voyager pour aller voir sa sœur qu'avait déménagé à Atlanta. Et ça s'adonne qu'il était assis dans l'aéroplane à côté d'un homme bien habillé dans un suit bleu. Quand i l'a entendu parler en français dessus son téléphone, i y demande, « Well, ayoù toi, tu vas à ce matin ? »

Le bougre dit, « Je m'en retourne à Paris. »

« Oh, » l'habitant dit, « tu restes là-bas ? »

« Oui, » le bougre dit, « je suis professeur à la Sorbonne Nouvelle. »

« Oh, et quoi c'est tu faisais ici dans la Louisiane ? » l'habitant demande.

Le professeur dit, « Je faisais des recherches sur les survivances de l'ancien français dans votre pays. »

L'habitant dit, « Moi, je viens de l'Anse à Gui-Guiche. »

Le professeur dit rien.

L'habitant reprend, « Je sus un récolteur de riz et je pêche des écrevisses. »

Toujours rien de l'autre.

« Je sus parti pour voir ma sœur à Atlanta. »

Le professeur commençait à souffler un peu.

« T'as été satisfait de ta visite ? »

Le professeur dit, « Écoutez, Monsieur. J'aimerais

mieux ne pas entreprendre une grande conversation avec vous pendant ce voyage, si cela ne vous gêne pas trop. »

L'habitant, « Mais i y a pas un tas d'autres choses à faire. Pourquoi pas ? »

Le professeur dit, « Sans vouloir vous vexer, je ne vois franchement pas ce que nous pourrions avoir à discuter, vu la grande différence entre nos niveaux d'éducation. »

L'habitant dit, « Well, OK, mais avant qu'on arrête de parler, juste pour s'amuser, allons faire un tit pari. Toi, t'es smart. Ça fait, t'as des chances de gagner. » I dit, « Garde, on va se demander chacun une question. Et comme tu dis, i y a une grande différence entre notre éducation. Ça fait, si je peux pas répondre à ta question, je vas te donner cent piastres. Et si tu peux pas répondre à la mienne, tu vas me donner deux-cents piastres. Et, » i dit, « si tu gagnes, moi, je vas pas dire une autre parole pour le reste du voyage. »

« Plus pour vous taire que pour l'argent, j'accepte, » le professeur dit.

« OK, » l'habitant dit, « moi, je vas aller d'abord. Quoi c'est qu'a des cheveux blonds, des yeux bleus, la peau verte, et des écailles rouges, et qui vit dans la mer, mais qui vient sur la terre pour manger ? »

Le professeur jongle bien, mais i doit dire qu'il a pas la réponse. Alors i sort deux billets de cent piastres et i y les donne.

L'habitant prend l'argent et y dit, « Mais bien merci. »

Le professeur dit, « Mais une minute, en fait,

qu'est-ce qui a les cheveux blonds, les yeux bleus, la peau verte, les écailles rouges, vit dans la mer, mais vient sur terre pour manger ? »

« Ha, j'ai pas d'idée, moi non plus, » l'habitant dit en y redonnant un des billets de cent piastres. « Hé, Doc, tu peux imaginer le tracas qu'on est après avoir avec le prix du riz… »

La contorsionniste

Père Hébert était après confesser le monde un samedi matin, et pis i y a une tite fille qu'a venu dans le confessionnal. Après qu'alle avait fini de se confesser, le prêtre dit, « Chère, » i dit, « je connais tout le monde dans le village, et on dirait je reconnais pas ta voix. » I dit, « Tu viens pas d'icitte ? »

La fille dit, « Non, Père, » a dit, « je sus après voyager avec le cirque. »

« Oh, mais, » i dit, « ça, c'est vaillant. Et quoi c'est toi, tu fais dedans le cirque ? »

A dit, « Moi, je sus une contorsionniste. »

« Oh, mais, ça, c'est intéressant, » i dit. « Ça fait longtemps j'ai pas vu ça. »

A dit, « Mais, Père, t'as de la chance. » A dit, « On va d'être ici pour toute la fin de semaine. Tu pourras venir nous voir. »

« Oh, non, » i dit, « j'auras pas la chance. » I dit, « J'ai un mariage et deux baptêmes et un enterrement. » I dit, « Je vas pas avoir le temps. »

La fille dit, « Mais ça, c'est dommage. » Mais alle a eu une idée. A dit, « Père, » a dit, « tu pourrais peut-être prendre un break droite asteur ? I y avait pas personne après espérer en arrière de moi. Je pourrais vous montrer une tite affaire droite ici. »

I dit, « Mais, ouais, j'aimerais ça. Je pourrais

43

m'arrêter pour une minute pour voir. »

A sort du confessionnal et a s'assit dessus le plancher. Le prêtre ouvre son tit rideau et i se met à la regarder faire. Alle a pris son pied gauche et a l'a passé par en arrière de sa tête et a l'a attrapé avec sa main droite. Là alle a passé son pied droit par en avant de sa figure et a l'a attrapé par en arrière de sa tête avec sa main gauche.

Juste en même temps, Mme Boudreaux et Mme Thibodeaux rentraient dans l'église. Mme Boudreaux dit à sa camarade, « Oh, mais je crois pas que je vas me confesser aujourd'hui. Père Hébert est de mauvaise humeur. Regarde donc la pénitence qu'il a donné. »

Mme Thibodeaux dit, « Moi, non pus. J'ai pas mis des caleçons à ce matin. »

La femme malcontente

Un homme et sa femme étaient assis dessus la galerie après guetter le monde passer. L'homme était après boire sa bière. La femme était après se bercer. A disait pas rien. L'homme y parlait, mais elle, a disait pas rien du tout. A regardait droite en avant d'elle et a se berçait.

L'homme dit, « Bèbe, i y a juste nous-autres à la maison. T'as envie d'aller en dedans voir quoi c'est qui pourrait arriver ? »

A dit, « Ça me fait pas de différence. »

Ils ont été en dedans. I commence à la béquer et à la caresser. Après un élan, i dit, « C'est bon pour toi ? »

A dit, « Ça peut faire. »

I dit, « Tu veux j'arrête ? »

A dit, « C'est pas la peine. »

La justice à coup de palonnier

Vieux Monsieur Robin était pas un homme qu'aimait danser autour des affaires. Il était pas un grand bougre, mais personne pouvait se rappeler la dernière fois qu'il avait eu peur de quelque chose. Il était pas mauvais, mais il était joliment raide. Il avait jamais commencé une bataille, mais il en avait fini plusieurs. Pour lui, i y avait deux côtés de la barrière, un qu'était bien et l'autre qu'était pas, et c'était pas dur de dire la différence entre les deux. C'était pas un grand radoteur. I disait ça il avait pour dire et pas un tas de plus, mais c'était pas dur à savoir quoi c'est qu'il avait dessus son idée. La plupart du temps, c'était un homme qu'était bien tranquille. Quand un homme est gaillard, il a pas besoin de donner des airs d'être gaillard.

Un matin, il était après piocher dans son jardin quand il a vu le garçon de son voisin dans leur clos après parler avec un homme qui travaillait pour la compagnie d'huile dans le voisinage. Il avait pas l'habitude de fourrer son nez dans les affaires des autres, mais i pouvait voir que la conversation était après se chauffer. L'homme était après crier et pointer son doigt dans la figure du garçon qu'avait peut-être douze, treize ans. L'enfant avait les yeux grand-ouverts et les deux mains levées en l'air et Monsieur

Robin pouvait voir que le petit avait peur. Monsieur Robin regardait à la maison pour voir si le père du tit bougre était là, mais i voyait pas personne grouiller.

Tout d'une escousse, l'homme a poussé le garçon et i l'a sacré parterre. Le garçon était élongé sur son dos et l'homme était grand debout après crier toujours.

Monsieur Robin a sauté la barrière et i s'a mis à marcher l'autre bord. Il a passé à côté d'une vieille charrue tout rouillée sur la chaintre, et il a attrapé un vieux palonnier qu'était dans les grandes herbes. Il a pas dit une parole. Il a été droite au bougre et il a commencé à l'assommer avec este palonnier-là. Le bougre criait et i jurait, mais Monsieur Robin y a jamais dit pacane. L'homme s'a mis à galoper, avec Monsieur Robin droite dessus sa queue de chemise, toujours après y sacrer des coups de palonnier à tout bout de chance. Le bougre s'a sauvé jusqu'à il a pu sauter dans son truck. Monsieur Robin a cobi la porte et cassé la vitre à coups de palonnier avant le bougre a pu s'échapper.

Le garçon était juste après se lever quand Monsieur Robin a resauté la barrière pour retourner chez lui. Il a recommencé à travailler dans son jardin comme si y avait jamais eu arien.

Le tit bougre a venu à la barrière. « Merci, Monsieur Robin, » i dit.

« Tracasse-toi pas, » i dit. « Dis à ton père que s'il a besoin de savoir quoi c'est qu'a arrivé, qu'i me parle plus tard. » Et i s'a remis à piocher.

Plus tard dans l'après-midi, Monsieur Robin était toujours dans son jardin quand à voilà qu'un député a arrivé avec l'homme qu'il avait donné une raclée.

« Monsieur Robin ? » le député dit.

« Ouais, » i dit.

« Este homme icitte me dit que tu l'as battu à coups de palonnier à ce matin, » le député dit.

« Ouais, ça c'est vrai. »

« Et que t'as cobi son truck et cassé une vitre avec le même palonnier. »

« Ça aussi, c'est vrai. »

« C'est vrai ? »

« Oh, ouais. C'est bien vrai. Garde le palonnier droite là contre la barrière. I y a bien probable du sang et de la peinture de char dessus et des morceaux de verre aussi. Et tu peux demander au tit bougre du voisin aussi. »

« Il a vu quoi c'est qu'a arrivé ? »

« Ouais, il a vu toute l'affaire se faire. Et i peut te dire quoi faire ça a arrivé. »

« Well, Monsieur Robin, j'ai pas beaucoup de choix, si tu dis toi-même que c'est vrai. Ça fait pas grand'différence quoi faire t'as fait ça. Si tu dis que tu l'as fait, i faudra que je mets une charge contre toi.

« Fais ça t'as pour faire. »

Ça fait, le député y a donné un ticket. « I faudra que tu viens te présenter devant le juge vendredi. » L'autre bougre grinchait comme s'il avait gagné quelque chose. Monsieur Robin a pas dit arien de plus. I s'a remis à piocher.

Vendredi matin de bonne heure, Monsieur Robin s'a rendu à la maison de cour et i s'a assis dessus un banc. Quand ils ont appelé son nom, i s'a levé et il a été devant le juge. Le juge y dit, « Monsieur Robin, notre député me dit qu'i t'a questionné chez toi pour este affaire et que t'as dit que c'était bien toi qu'as assommé este homme à coups de palonnier. »

« C'est bien ça, » i y dit.

« Et que t'as cobi son truck et cassé sa vitre aussi ? »

« Ça aussi. »

« Well, » le juge dit, « j'ai parlé avec le tit bougre du voisin et i m'a expliqué quoi faire t'as fait ça, mais, » i dit, « on peut pas avoir le monde après faire des coups de vigilance comme ça. J'ai déjà chargé l'autre bougre pour avoir poussé le garçon, mais i faudra que tu paies vingt-cinq piastres pour ça que t'as fait. »

Monsieur Robin sort son portemonnaie. I sort un billet de cinquante piastres et i le garroche dessus la table. Le juge dit à sa secrétaire, « Donne-y son échange. »

Monsieur Robin dit, « Non, » i dit, « garde ça. Le palonnier est toujours contre la barrière. Si jamais je vois este bougre encore alentour de ma place, je vas y donner une autre raclée, et ça va me sauver un voyage au village. Je sus beaucoup occupé avec les mauvaises herbes dans mon jardin. »

La langue oubliée

Il y a un jeune garçon qu'a quitté pour aller au collège et quand il a revenu chez lui pour visiter, il a annoncé à son père pis sa mère qu'il avait tout oublié comment parler en français. Son père et sa mère trouvaient ça drôle qu'il aurait oublié son français aussi vite que ça, mais ils avaient entendu dire que des affaires comme ça pouvaient arriver au collège.

En tout cas, pour bien y-eux montrer qu'i parlait réellement pus français, i s'a mis à suivre sa mère et son père dans la maison en demandant, « What's that ? » de tout quelque chose qu'i voyait dans la maison.

« What's that ? » i dit.

Sa mère dit, « La table. »

« What's that ? »

« Une assiette, » a dit.

« What's that ? »

« Une fourchette. »

Son père s'a vite tanné de este jeu et il a quitté la maison pour s'échapper et pour aller travailler tranquille dans son jardin. Mais le garçon l'a suit. « What's that ? » i dit.

Son père dit, « La porte de cour. »

« What's that ? »

« Une pelle, » i dit.

« What's that ? »

« Une pioche. » Son père était après souffler fort.

Et justement quand il était après demander
« What's that ? » encore pour un râteau qu'était appuyé
contre la barrière, il a marché sur les dents du râteau
et le manche l'a paqué ça droite dessus le front. I crie,
« Hé, mon maudit, sacré, tonnerre de râteau, toi ! »

« Ah, » son père dit, « je vois que c'est après te
revenir. »

Des fois, c'est ça que ça prend, un coup de manche
de râteau dans le front.

La logique

Ça faisait joliment longtemps que Thibodeaux avait pas vu son ami Boudreaux. Et un jour, il était après quitter son office et i s'en allait à son char quand il a vu son vieux buddy dessus la banquette devant la grosserie. I y dit, « Hé, Boud, » i dit, « comment ça va ? »

Boudreaux dit, « C'est bon. Et toi ? »

Thibodeaux dit, « Mieux que ça, ça serait des bêtises, mais, » i dit, « toi, ça fait longtemps qu'on t'a pas vu. » I dit, « Ayoù t'as passé dernièrement ? »

I dit, « Well, » i dit, « j'ai retourné à l'école. » I dit, « je sus après aller au collège à Lafayette. »

« Oh, » I dit, « pas de bêtise ! Quoi c'est que t'es après prendre ? »

I dit, « La logique. »

« La logique ? » i dit. « Man, ça, c'est impressionnant, » i dit, « mais, quoi c'est ça quand-même, la logique ? »

I dit, « Well, c'est trop compliqué pour expliquer comme ça, » i dit, « mais je peux te donner un exemple. » I dit, « T'aimes barbecue ? »

« Ouais, » i dit.

I dit, « Well, si t'aimes barbecue, j'imagine que t'as un pit. »

« Ouais, » i dit, « j'ai un pit. Hé, ça c'est magnifique. »

I dit, « OK, ton pit, tu le gardes dans la cour en arrière ? »

« Ouais, » i dit.

I dit, « Well, si tu gardes ton pit dans la cour en arrière, tu dois avoir une maison. »

« Damn, » i dit, « ouais, j'ai une maison. »

I dit, « Et dans ta maison, t'as des rideaux en dentelle ? »

« Ouais, » i dit, « les rideaux sont en dentelle. »

I dit, « OK, si t'as des rideaux en dentelle, tu dois avoir une femme. »

« Ouais, » i dit, « j'ai une femme. Man, ça, c'est quelque chose, la logique ! »

I dit, « Et ta femme, a t'aime ? »

« Ouais, » i dit, « ma femme m'aime. »

I dit, « Si ta femme t'aime, j'imagine que t'es pas un sacré couillon. »

« Non, » i dit, « c'est correct. Je sus pas un sacré couillon. Man, je sus impressionné avec este affaire de logique-là. »

Et les deux amis ont charré un peu plus, et pis là, ils ont été chacun son chemin. Juste avant d'arriver à son char, Thibodeaux voit un des ses voisins, Robichaud.

« Hé, Rob, » i dit, « comment c'est ? »

Robichaud dit, « C'est en sucre. Et toi ? »

« Moi, aussi, » i dit.

Robichaud dit, « Je t'ai vu après parler avec Boudreaux. Ça fait un bon bout de temps que je l'ai pas vu dans les alentours. »

« Ouais, moi aussi, ça faisait quelque temps que je

l'avais pas vu, mais, » i dit, « i m'a expliqué pourquoi. Il est après aller au collège à Lafayette. »

I dit, « Pas de bêtise ! Après tout ce temps-là. Et quoi c'est il est après prendre ? »

« Ouais, » i dit, « i m'a dit que ça il est après prendre, ça s'appelle la logique. »

I dit, « La logique ! Tu veux pas me dire. » I dit, « Mais quoi c'est ça, tu crois, la logique ? »

« Well, » i dit, « i m'a pas expliqué, mais i m'a donné un exemple. » I dit, « Garde, je vas te montrer. T'aimes barbecue ? »

« Non, » i dit.

« Well, » i dit, « tu dois d'être un sacré couillon. »

La plus grande peur

Deux vieux hommes dans la maison des vieux étaient après charrer un jour. Et quelque sorte de manière, la conversation a tourné pour parler de la plus grande peur qu'ils avaient jamais eu dans leur vie.

Un des vieux bougres dit, « Moi, le plus que j'ai eu peur dans ma vie, c'est un jour quand j'étais dans le bois après chasser pour des lapins. J'avais juste un vingt-deux avec moi parce que j'étais après chasser avec des chiens. Et tout d'une escousse, j'ai vu un ours noir sortir de derrière un gros cypre pas loin de moi. Et quand i m'a vu, i s'a mâté grand debout et i s'en venait après moi. Je savais que si je l'aurais tiré avec mon pauvre tit vingt-deux, ça l'aurait juste piqué et ça l'aurait enragé plus. Je connaissais pas quoi faire, mais i faulait j'essaie quelque chose, ça fait je m'ai levé grand debout comme ça et j'ai fait 'Rahhh!' God damn ! J'ai chié dans mes culottes. »

L'autre vieux y dit, « Mais i faut pas que t'aies honte. J'aurais plus que probable eu assez peur pour faire la même chose, moi-même. »

« Non, » i dit, « Droite asteure, quand j'ai fait « Rahhh ! » j'ai chié dans mes culottes. »

La queue de chaoui

I y a un bougre qu'était beaucoup menteur. Et il a rencontré un de ses amis un jour et eux était après causer et le bougre y parlait pour sa chasse aux chaouis. I y dit qu'il avait vu une chaoui avec une queue de dix pieds de long.

Son ami y dit, « Hey, » i dit, « i y a pas de chaoui avec une queue de dix pieds de long. Ça peut pas se faire. »

« Mais, » i dit, « a s'a fourré dans un trou joliment vite. » I dit, « Peut-être c'était huit pieds de long. »

Son ami dit, « Non, » i dit, « huit pieds de queue sur une chaoui... Non. »

I dit, « Alle était roulée joliment serrée dans une tite boule. Peut-être c'était six pieds. »

L'autre y dit, « Six pieds ? J'ai jamais vu une chaoui avec une queue proche comme ça. »

I dit, « Quoi ? Tu veux j'y laisse pas de queue !? »

La truie dans la berouette

Une fois, i y a un homme du village qu'a déménagé à la campagne avec sa femme équand il a arrêté de travailler. Il avait toujours rêvé de vivre dans la campagne, et ça c'était sa chance. Il a commencé à faire un tit jardin, et il a décidé qu'i voulait élever des cochons.

Ça fait équand il annonce ça à sa femme, qu'i voulait élever des cochons, a y dit, « Tu connais pas arien pour des affaires comme ça. »

I dit, « Well, je peux apprendre. »

A dit, « Mais comment tu vas faire ? »

I dit, « Je vas m'acheter une truie. »

Ça fait, i a été à l'encan s'acheter une truie, une grosse truie. Et i l'a fait délivrer chez eux-autres. Quand sa femme a vu ça, a dit, « Oh ? Ouais, mais c'est pas tout ça. Ça va te prendre un verrat. »

I dit, « Je connais ça, mais j'ai observé que un des voisins en a un beau. »

A dit, « Mais comment tu vas faire ? T'as pas de trailer, t'as pas de wagon... »

I dit, « Je vas figurer quelque chose. »

Ça fait, le lendemain matin, sa femme regardait par le châssis et a voyait son mari après se débattre avec la truie pour la mettre dans une berouette. A pouvait pas s'empêcher de rire, tellement c'était drôle de voir le tracas qu'il était après avoir pour mettre une pareille grosse truie dans une berouette. Mais il a fini par réussir. Et a l'a guetté partir dans le tit chemin de terre pour aller chez leur voisin.

I s'a rendu là-bas, et il a fait servir la truie avec le verrat de son voisin. Et il a remis la truie dans la berouette, pis i l'a ramené chez eux-autres. Son voisin trouvait ça joliment drôle, lui aussi.

Le lendemain matin, le bougre sort déhors pour voir quoi ce qu'i y avait. I revient dans la maison tout essoufflé. Sa femme dit, « Quoi i y a avec toi ? »

I dit, « Je connais pas quoi, mais i y a pas de tits cochons. »

Sa femme dit, « Mais quoi c'est tu vas faire ? »

I dit, « Je vas retourner chez le voisin, la faire servir encore. Ça a peut-être pas pris. » Et il a sorti.

Sa femme regardait par le châssis et a l'a vu après se débattre encore avec la truie pour la remettre dans la berouette. Quand il a eu fini, ça a parti encore sur le tit chemin pour aller chez le voisin. Il a expliqué à son voisin quoi i y avait. Le voisin trouvait ça drôle, mais i voyait que c'était pas la peine d'expliquer comment ces affaires travaillent. I l'ont juste fait servir encore. Et le bougre a retourné avec la truie dans la berouette.

Le lendemain matin, le bougre sort encore, et i revient encore tout essoufflé dans la maison. I dit, « I y a toujours pas de tits cochons. Je connais pas quoi i y a. Le verrat du voisin est peut-être pas bon. »

« Oh, » sa femme dit, « tu ferais mieux faire attention avant tu dis quelque chose comme ça. J'imagine que ça serait joliment sérieux parmi le monde de la campagne. Donne-y une autre chance. »

« Well, » i dit, « peut-être t'as raison. Je vas retourner une autre fois. »

I remet la truie dans la berouette, part encore avec elle sur le tit chemin. I l'a fait servir encore, et ça revient à la maison.

Le lendemain matin, i dit à sa femme, « Écoute, vieille, » i dit, « moi, j'ai pas eu de la chance avec este affaire de cochons. Peut-être toi, tu vas mieux réussir. » I dit, « Va, toi, voir s'i y a des tits cochons.

Ça fait, a sort déhors, et a revient tout de suite dans la maison. I dit, « Quoi, i y en a, des tits cochons ? »

« Non, » a dit, « mais la truie est après t'espérer dans la berouette. »

La vache perdue

I y avait un vieux bougre qu'avait perdu une vache. I l'avait cherché tout partout, et i pouvait pas la trouver en nulle part. Ça fait, il a été voir le prêtre dimanche matin avant la messe pour y demander de dire quelque chose pour sa vache quand il aurait fait ses annoncements après son prône. I y a bien dépeint la vache avec autant de détails qu'i pouvait, qu'alle était caillette, rouge et blanche avec le nez noir, un peu bassette, et qu'alle aurait été facile à reconnaitre parce qu'alle avait une corne creuse et un téton gâté.

Et le vieux bougre était proche sourd, il entendait beaucoup dur. Ça fait qu'i s'a mis dans le premier banc, droite en avant du prêtre pour pouvoir entendre ça qu'i disait, pour être sûr qu'il aurait annoncé sa vache qu'était perdue.

Quand le prêtre a eu fini son prône, il a commencé à faire les annoncements. Mais il a commencé avec les bans de mariage. Il a annoncé que M. Louis Daigle devait se marier avec Mlle Thérèse Thériot. Le vieux bougre se lève et i dit au prêtre assez fort pour tout le monde dans l'église entend, «Oublie pas de dire qu'alle a une corne creuse et un téton gâté!»

La vision et la vue

Il y avait un prêtre qui ramassait pas autant d'argent qu'il aurait aimé avec le monde à la messe. Ça fait, il a commencé à y-eux dire qu'il avait eu un message, que si i priaient avec assez de ferveur et si i donnaient assez à la quête, qu'ils auraient eu une vision de la Sainte-Vierge. Et tous les dimanches à la messe, i mentionnait ça dans son prône, que si ils étaient assez fervents et assez généreux, qu'ils auraient eu une vision. Et ça a commencé à aller beaucoup mieux. L'argent rentrait et les prières montaient.

Mais après un temps, il a commencé à entendre des rumeurs que le monde s'impatientait. C'est qu'i donnaient un tas à la quête et i priaient fort et ils auraient voulu leur vision.

Ça fait, il a compris qu'il aurait besoin de fournir quelque sorte de vision. Et un jour, tandis qu'il était après des commissions dans un autre village, il a fait un arrangement avec une jeune femme pour venir jouer la Sainte-Vierge dans son église. I l'aurait habillé dans une grande robe en bleu et blanc et i l'aurait mis dessus une tite balance pour la baisser et la remonter en haut d'une tite porte dans le plafonnage de l'église. Et quand il aurait eu donné le signal, alle aurait ouvert la tite porte et alle aurait descendu dessus la balance. Et alle aurait été si loin là-bas en haut dans l'église et il aurait eu tellement excité le monde avec son prône qu'i croiraient que ça serait leur vision de la Sainte-Vierge.

Ça fait, le premier dimanche après qu'il avait fini de faire tous les arrangements, il a commencé son prône. I dit au monde qu'il avait eu le message qu'ils avaient prié avec tellement de ferveur et qu'ils avaient été tellement généreux à la quête que le jour était arrivé pour qu'ils aient leur vision. Quand i croyait qu'i les avait excité assez, il a crié, « Levez vos yeux et regardez la Vierge ! »

Ça, c'était le signal pour la tite fille. A s'a mis dessus la balance et alle a ouvert la tite porte et alle a laché le poids pour la faire descendre. Mais quand alle a commencé à descendre, le bas de sa robe s'a accroché dessus un clou. A pouvait pas s'arrêter de descendre et ça a halé sa robe par-dessus sa tête. Alle était pendu là tout nue devant tout le monde qui regardait leur vision.

Quand le prêtre a entendu le monde commencer à rire, il a regardé en haut lui même. Quand il a vu ça qu'était après arriver, il a crié, « Baissez vos yeux ou vous allez les perdre ! »

I y a un vieux bougre dans le dernier banc en arrière de l'église qu'a mis une main sur un œil en disant, « À mon âge, je vas en risquer un. »

Le canard et la terre

I y a un bougre une fois qu'était à la chasse aux canards. Et il a tiré un canard à la vole et i y a juste cassé l'aile. Ça fait que le canard a voltigé un peu loin et il a tombé l'autre bord d'une barrière. Le chasseur a parti après son canard, et quand il a arrivé à la barrière, il était après se pencher pour traverser l'autre bord, il entend un homme qui s'en venait en courant en criant, « Hey ! Je peux t'aider avec quelque chose ? »

Le chasseur se dresse et i dit, « Sorry, I don't speak French, but I shot a duck and I just winged it and it fell over there... »

L'autre bougre, un vieux Cadien, y dit, « Oh, yeah ? Well, this is my land. That's sacred. You can't just go over there because you shot a duck. »

Le chasseur dit, « Yeah, but my duck... »

Le vieux bougre dit, « Hey, my land... »

Le chasseur dit, « Well, how are we going to solve this ? »

Le vieux bougre dit, « Well, we can do it the old way, the way the old people used to do it. »

Le chasseur dit, « How's that ? »

Le vieux bougre dit, « We can kick each other in the nuts until one gives in. »

Le chasseur dit, « Wow, that's sounds tough, but if

it's the only way I stand a chance of getting my duck, I guess I'll have to. »

Le vieux bougre saute la barrière. I dit, « My land, I go first. » Et i y a donne un coup de pied droite dans la fourche. Le chasseur tombe à genoux, tout blanc. Son front est couvert de sueur et i tremble partout. I secoue sa tête avec ses yeux frémés. T-à l'heure, i réussit à prendre un souffle. I dit, « Damn, that hurt like hell. » I se lève doucement. I dit, « Well, my turn now. »

Le vieux bougre dit, « Oh hell, son, let's not argue over a duck. Go ahead and get him. »

Le chaoui dans l'arbre

Une fois, i y a deux bougres qu'étaient après chasser des chaouis. Et un bougre en tire un dans un arbre. I l'a bien frappé, et le chaoui a tombé à peu près deux pieds, mais là il a resté accroché dans une fourche un bon vingt pieds dans l'arbre. Le bougre était après regarder en l'air quand son ami a arrivé.

« Tu l'as eu ? » i dit.

« Ouais, » l'autre dit, « mais, garde, il est pris dans la fourche. Tu le vois droite-là ? »

« Oh ouais, je le vois, » i dit, « mais quoi tu vas faire ? »

« Well, je vas pas le gaspiller. » I dit, « Je vas grimper pour l'attraper. »

« Hé, fais attention avec ça, » i dit. « Il est peut-être pas mort. Ça peut être mauvais-ça, surtout s'il a du mal. »

« Well, » i dit, « je haïs de le laisser. Je vas prendre une chance. »

Ça fait, i commence à grimper, et l'autre qui le regarde. Quand il arrive à la fourche, il attrape le chaoui, mais le chaoui est pas crévé du tout, et ça le réveille. Le chaoui se tourne sur le pauvre bougre et i commence à le grafigner et le mordre. Le bougre se débat le mieux qu'i peut, mais c'est une sacrée bataille.

L'autre bougre en bas y crie, « Hé, tu l'as ? »
Cil-là dans l'arbre y répond, « Ouais, je l'ai. Monte vite et aide-moi à le lâcher ! »

Le chasseur d'ours

Une fois, une bande d'amis étaient au camp pour chasser des canards. C'était la dernière journée de la saison et c'était pas du tout sûr qu'ils auraient tué des canards, mais ils avaient espoir quand-même. Ils ont sorti bonheur le matin et ils ont resté quelques heures dans les blinds. Ils ont vu plusieurs canards, mais i y a pas un qu'a venu assez près pour eux tirer. C'était rendu trop effarouchés tard dans la saison comme ça.

Ça fait ils ont retourné au camp avec les carnassières vides. I y a un ou deux qui s'a mis à préparer quelque chose à manger avant ça retourne chez eux. Mais vieux François s'a levé et i dit, « Moi, je m'en vas dans le bois. » I dit, « Je veux voir si je peux trouver un de ces ours qu'on a commencé à voir dernièrement. »

I y en a un qui dit, « T'es fou ? Quoi c'est tu crois tu vas faire si t'en trouves un ? T'as pas un fusil pour ça. Si tu le tires avec du plomb à canard, tu vas juste le fâcher. »

Vieux François dit, « Si j'en vois un, je vas figurer quelque chose à faire. » I dit, « Personne veut venir avec moi ? »

Tout le monde a dit « non » en même temps, proche comme c'était « ainsi soit-il » à la messe. François a quitté lui tout seul avec un fusil.

Il avait marché pour juste à peu près un quart d'heure quand il a entendu un sacré train à côté de lui. I s'a tourné juste à temps pour voir un grand ours noir après se mâter l'autre bord d'une tite coulée. I l'a tiré une fois, mais l'ours a pas fait comme si ça l'avait même picoché. I s'a mis à quatre pattes et il a commencé à courir.

Vieux François a garroché son fusil à côté et i s'a baissé pour courir lui aussi, droite pour le camp. Il a passé à travers les éronces et en bas les branches d'arbres pour essayer de perdre l'ours, mais l'ours s'en venait toujours, et il en gagnait sur vieux François.

Ils étaient proche rendus au camp, François en avant, l'ours pas loin derrière. Les deux venaient à la pleine course, essoufflés. Quand il a arrivé à la galerie, François a manqué son pas. Il a fait une jambette sur le premier escalier et il a tombé à plat sur sa figure. L'ours s'en venait tellement vite qu'i pouvait pas s'arrêter. Il a passé par-dessus François et il a été dedans le camp. François s'a levé vite. Il a fermé la porte, et il a crié, « Écorchez cil-là, mes amis, et moi, je vas retourner voir s'i y en a pas un autre dans le bois ! »

Le cochon à trois pattes

Un commis voyageur était après passer dans la campagne un jour, et il a passé en avant d'une jolie habitation. Tout quelque chose était propre et bien entretenu. Et dans la cour en avant de la maison, il a vu un cochon avec trois pattes. Et là ayoù sa patte y manquait, i y avait une tite béquille en bois. Le commis voyageur a arrêté son char pour voir s'il avait bien vu. Et comme de fait, le cochon était après se promener dans la cour en boitant après manger des herbes.

Le commis voyageur avait vu un tas des affaires dans sa vie, mais il avait jamais vu arien comme ça, et il était curieux de savoir quoi i y avait eu avec le cochon. Ça fait, i s'a halé à côté du chemin et il a débarqué. Il a commencé à marcher dans la tite manche en allant à la maison. Il était rendu à la porte de cour quand il a vu un homme qui venait du magasin.

« Je peux t'aider ? » l'habitant dit.

« Ouais, » le commis voyageur dit, « j'étais après passer devant ton habitation et j'ai vu ton cochon. Cil-là qu'a juste trois pattes et une tite béquille. Je serais curieux de savoir comment ça, ça a arrivé. »

L'habitant dit, « Oh ça. Mais je vas te dire l'histoire. » I dit, « Este cochon-là, un jour, j'étais après rabourer la pièce de maïs en arrière de la maison et le mulet s'a mis à corcobier dans le harnais et j'ai tombé en avant de la charrue. Moi, je pouvais pas me lever, mais este cochon était droite là, et il a couru en arrière du mulet et il a enfoncé son nez dans ma chemise et i m'a halé à côté avant que la charrue a pu passer dessus moi. »

« Oh, » le commis voyageur dit, « et i s'a fait prendre par la charrue lui, et c'est comme ça qu'il a perdu sa patte ? »

« Non, » l'habitant dit, « mais este même cochon, une autre fois, ma tite fille était après jouer dans la cour et i y a un coyote qu'a sorti du bois et il était après courir droite pour ma fille pour la prendre. Este cochon a vu ça et il a attaqué le coyote et i s'a battu avec jusqu'à j'ai sorti de la maison avec mon fusil pour le tuer. »

« Oh, » le commis voyageur dit, « et le cochon a perdu sa patte dans la bataille ? »

« Non, non, » l'habitant dit, « mais une autre fois, on était tous après dormir, moi et toute ma famille, et au milieu de la nuit, le feu a pris dans la maison. Et este même cochon-là, il a vu ça, et il a rentré dans la maison, et i nous a réveillé en grognant et en poussant sur les lits, et on a pu tous sortir avant que la maison brule. »

« Et le cochon s'a fait bruler une patte dans l'affaire ? » le commis voyageur dit.

« Non, » l'habitant dit, « mais si t'avais un cochon comme ça-là, tu le mangerais tout d'un coup, toi ? »

Le compteur de monde

Le gouvernement américain a engagé un compteur de monde spécial pour compter les Cadiens
qu'étaient enfoncés dans les fin-fi-fonds des
maiches et des marais. Ils ont choisi quelqu'un qui
parlait français pour pouvoir communiquer avec ce
monde. I connaissait joliment bien le pays aussi.

Ils avaient entendu parler d'une famille qui
restait loin là-bas dans le fond des fordoches, et ils
ont envoyé ce jeune compteur ambitieux pour voir si
i pouvait les trouver. Il a été aussi loin qu'i pouvait
aller en char, pis là il a mis son bateau à l'eau et il a été
aussi loin qu'i pouvait aller avec la machine, et là il a
mis une pirogue qu'il avait avec lui à l'eau et il a été
aussi loin qu'i pouvait aller en pagayant, et là il a mis
des grandes bottes en gomme et il a marché aussi loin
qu'i pouvait aller.

Et à la fin de este longue journée-là, il a vu une tite
lumière qui brulait dans le châssis d'une tite cabane
au bord du maiche. Il a fini par arriver et il a frappé à
la porte.

Un vieux bougre a ouvert la porte et le compteur y
a dit, « Bonjour, moi, je sus Jean Latiolais. » L'homme
à la porte s'a présenté, « Content de te recontrer. Moi,
je sus Aymar Guidry. »

Le jeune compteur y a dit, « J'ai voyagé toute une

grande journée pour arriver ici, M. Guidry, parce que le gouvernement m'a engagé pour essayer de savoir combien de monde qui restent dans notre pays. »

Le vieux bougre a levé ses épaules et i y a dit, « Ha, cher, je peux pas te dire. Je connais sûr pas, moi. » Et il a fermé sa porte.

Le dernier gombo

Vieux Monsieur Leblanc était sur son lit de mort. I y restait pas beaucoup de temps, et il avait fini de faire tous ses arrangements avec sa famille. Ils avaient fait venir le prêtre pour y donner les derniers sacrements. Il avait refait son testament pour partager son bien. Il avait parlé à sa femme et à tous ses enfants. Il était paré pour s'en aller.

D'ayoù il était couché dans sa chambre, i pouvait entendre le monde en bas après faire des préparations. Et i pouvait sentir un gombo. Il a appelé un de ses tits-enfants et i y dit, « Boy, este gombo sent à bon. » I dit, « Va dire à ta grand-mère que j'aimerais un tit bol pour gouter une dernière fois. »

Le garçon a descendu en bas dans la cuisine. Et il a revenu tout de suite au lit de son grand-père avec arien dedans ses mains.

Le vieux bougre y demande, « Ayoù mon gombo ? »

Le garçon y dit, « Mame dit que tu peux pas en avoir. A dit que le gombo est pour après l'enterrement. »

Le fer dans le lit

I y avait une vieille fille qu'avait du mal à se trouver un homme pour se marier avec. C'est pas qu'alle était vilaine ou mauvaise, mais alle était beaucoup gâtée. Sa mère faisait tout quelque chose pour elle. A y lavait son linge, a y faisait à manger. A y faisait son café tous les matins. Ça fait, on peut s'imaginer que les garçons et les hommes qui connaissaient la famille auraient peut-être eu peur de la marier. A connaissait pas faire grand-chose.

En tout cas, alle a fini par se trouver un mari. D'après moi, ça devait être un étranger qui connaissait pas mieux. La famille de la fille était contente de la voir se marier. Ils avaient eu peur qu'alle aurait jamais quitté la maison. Ils étaient tellement content et ils avaient espéré tellement longtemps qu'ils ont fait des belles grandes noces. I y avait de la viande et des gâteaux et du vin et de la limonade...

Après la réception, l'heure a arrivé pour les mariés aller se coucher. Dedans ce temps-ça, le monde avait pas trop l'habitude de prendre des voyages de noces. Les mariés restaient à la maison de la fille. Ils ont été dans la chambre et ils ont commencé à se préparer pour se coucher. La mariée, elle, alle était un peu honteuse. Ça fait, a s'a deshabillé vite et a s'a couché dans le lit. Le marié, lui, il était glorieux de ça qu'il avait, et il a pris son temps pour se déshabiller. Il arrive au lit et i se couche à côté de sa nouvelle femme. I se met en bas des couverts et i découvre quelque chose de chaud à ses pieds. I lève les draps et i voit un fer à repasser à leurs pieds. I dit, « Quoi dans le tonnerre c'est ça ? »

Sa femme y dit, « C'est un fer à repasser. »

I dit, « Je connais ça, » i dit, « mais quoi c'est que ça fait dans notre lit ? »

« Mais, » a dit, « tu connais que ma mère me gâte un peu. » A dit, « A connait que j'ai les pieds froids dans la nuit et, » a dit, « alle a l'habitude de mettre un fer à repasser chaud pour chauffer mes pieds. »

I dit, « T'auras pus besoin d'un fer à repasser pour chauffer tes pieds. Moi, je vas chauffer tes pieds. » I passe sa main en bas les draps, il attrape le fer, et i le garroche parterre.

La mère de la mariée était tellement excitée. A voulait être sure que tout quelque chose était correct. Ça fait, alle écoutait à la porte. Quand alle a entendu ça, a dit, « Quoi c'était ce train ? »

La fille dit, « Mam, i veut pas le fer dans le lit. »

Sa mère dit, « C'est tout pareil, Bèbe. Contraïe-le pas. S'i veut pas le faire dans le lit, fais-le parterre. C'est tout pareil. »

Le gaime en cover-all

Une fois, i y avait un commis voyageur qu'était après naviguer les chemins dans la campagne quand il a aperçu un gaime dans la bassecour à côté d'une maison qu'était habillé en cover-all. Ça l'a fait rire, et pis il a décidé d'arrêter pour voir quoi c'est qu'était l'histoire.

I va à la maison et i voit un vieux bougre assis dessus la galerie après fumer une pipe. I débarque de son char et i crie au bougre qu'i voulait savoir pourquoi le gaime était habillé en cover-all comme ça.

Le vieux bougre y fait signe de venir, et i y dit, « Tu veux savoir pour le gaime? Well, je vas te dire. » I dit, « C'est le meilleur gaime que j'ai jamais eu, ça. Et un jour, pas trop longtemps passé, on a eu un tit tourbillon. C'était pas assez pour faire des dédommages à la place, mais ça a pris le gaime et ça l'a envoyé à peu près une centaine de pieds dans l'air. Et quand il a retombé par terre, il avait pus de plumes. Pas une plume. Il était tout nu comme un ver. » I dit, « Il avait honte et i restait caché en bas de la galerie. Je me faisais une idée qu'il aurait repoussé ses plumes, mais dans l'intervalle, je voulais pas qu'i reste en bas de la galerie comme ça. Je le prenais en pitié et pis je voulais qu'i faise son job dans la bassecour. Ça fait j'ai demandé à ma femme d'y faire este cover-all jusqu'à

83

qu'il aurait ré-eu ses plumes. »

Le commis voyageur dit, « Well, ça c'en est une bonne. C'est la plus drôle d'affaire que moi, j'ai vu dans longtemps. »

L'habitant dit, « Mais ça, c'est pas le plus drôle. Tu devrais le voir quand i grimpe une poule, après la tenir avec une patte et après essayer de déboutonner sa braguette avec l'autre. C'est ça qu'est drôle. »

Le lait de vache

Une fois, i y avait une vieille femme qu'était bien malade. Alle était après mourir. Et sa famille était après la soigner sur son lit de mort. I y restait pas longtemps. Et un jour, un des enfants a eu l'idée d'y donner du lait chaud pour la calmer un peu. I y demande si alle aurait aimé ça.

A dit, « Mais, ouais, ça serait peut-être justement bon, mais, » a dit, « je me demande s'i y aurait pas moyen d'avoir du lait de vache, comme quand j'étais petite. »

Un de ses garçons dit, « Well, je connais pas ayoù on pourrait trouver ça asteure. I y a pus de ça grand'chose. C'est tout déjà pasteurisé. »

Un autre dit, « Écoute, Mam mérite bien ça qu'a veut, après tout ça qu'alle a fait pour nous-autres dans notre vie. » I dit, « On va y trouver une vache, s'i faut. » Et c'est ça qu'ils ont fait. Ils ont acheté une vache d'un voisin pour en avoir du lait.

Le lendemain, il a venu pour y en donner, et il a vu qu'alle était après soufferre et a pouvait pas se reposer. Ça fait, il a eu l'idée de mettre un tit peu de whisky dans le verre avec le lait. I y donne ça. Alle a fait une drôle de figure, mais a l'a bu tout. Le jour après ça, alle a demandé d'autre lait. Alle a dit comment ça y avait fait du bien. Ça fait, i y ont donné un autre verre de lait avec un peu de whisky dedans. Et ça a été comme ça pour les quelques semaines qui y restaient. Quelqu'un tirait la vache tous les jours et ça mettait un peu de whisky dans le verre avec le lait.

Un jour, a se sentait après s'en aller. Alle avait proche pus de forces. Ça fait, alle a appelé sa famille pour venir tout ensemble. A disait qu'alle avait quelque chose à y-eux dire avant que ça soit trop tard. Tous ses enfants étaient rassemblés tout le tour de son lit. A les a appellé pour venir près. Eusse s'a tout penché pour se mettre droite à côté d'elle. Et a dit, «Écoutez-moi bien. Ça me fait pas rien quoi c'est que vous-autres va faire avec la balance, mais,» a dit, «pour l'amour de Dieu, vendez pas este vache!»

Le nouveau prêtre

Une fois, i y avait un nouveau jeune prêtre qu'a arrivé dans la paroisse. Et il a eu l'idée de visiter le monde de sa nouvelle paroisse pour les recontrer. Ça fait, le lundi matin, de bonne heure, i s'a mis dessus le chemin à pied pour aller d'une maison à l'autre pour rencontrer le monde.

Il a arrivé à la première maison. I cogne à la porte. C'est une vieille tite femme qui rouvre la porte. A dit, « Belton Richard, quoi c'est que toi, tu fais à ma maison dessus un grand lundi matin ? »

Le prêtre dit, « Mais ma parole d'honneur, » i dit, « Madame, je sus pas Belton Richard. » I dit, « Je sus le nouveau prêtre et je sus après aller de porte en porte pour recontrer le monde. »

A dit, « Mais tu resembles pareil comme Belton Richard, tu connais, le chanteur. » A dit, « Mais rentre, et on va boire du café. »

Ça fait, ils ont visité un bout de temps, pis là, le prêtre s'a excusé et il a parti pour aller à la prochaine maison. Arrivé là-bas, i cogne à la porte encore. Une autre vieille tite femme qui rouvre la porte. Les hommes étaient tous après travailler dessus un lundi matin. A dit, « Mais, je peux pas croire, c'est Belton Richard rendu chez moi. »

« Non, » i dit, « c'est pas Belton Richard, pour

l'amour de Dieu ! » I dit, « Je sus le nouveau prêtre de la paroisse et je sus juste après essayer de visiter le monde pour vous connaitre. »

« Mais, » a dit, « ça, c'est bien vaillant, mais, » a dit, « Boy, tu peux pas t'imaginer combien tu resembles à Belton Richard. Vous-autres pourraient être des bessons. »

« Mais, » i dit, « c'est pas ça. »

Ça fait, ils ont bu du café, et il a reparti pour la prochaine maison. Il arrive, cogne à la porte. Une jolie jeune femme d'à peu près vingt ans rouvre la porte habillée dans une tite blouse que tu pouvais proche voir en travers.

A dit, « Belton Richard... »

I se met à chanter, « *Hello, tite fille, moi, je voudrais te dire quelque chose...* »

Le plus vieux des vieux

Un jour, i y a un voyageur qu'a arrivé dans le village et i cherchait le cimetière. Il aimait visiter les cimetières et i cherchait pour le cimetière dans este village-là et pis il avait du mal à le trouver. Ça fait, i voit un vieux bougre qu'était assis dessus les escaliers en avant de sa maison après brailler. Le voyageur se dit entre lui-même, « I y a des chances qu'il aurait perdu quelqu'un dans sa famille. Peut-être qu'i pourra me dire ayoù trouver le cimetière. I va dans la cour et i dit au vieux bougre, « Excuse-moi, Monsieur. » I dit, « Pourquoi tu pleures comme ça ? »

Le vieux bougre dit, « Je sus après brailler parce que mon père m'a taillé. »

Le voyageur dit, « Ton père t'a taillé ? » I dit, « Mais quel âge toi, tu peux bien avoir ? »

Le vieux dit, « Moi, j'ai soixante-dix ans. »

Le voyageur dit, « Et ton père t'a taillé ? Mais quel âge ça y donne, lui ? »

I dit, « Mon père a quatre-vingt-neuf ans. »

Le voyageur dit, « Et il est toujours en moyen de te tailler ? Mais quoi-ce que t'aurais pu faire pour qu'i te taille ? »

« Well, » i dit, « je l'ai dérangé tandis qu'i parlait avec mon grand-père, son père à lui. »

Le voyageur dit, « Ton grand-père ? »

« Ouais, » i dit, « mon père et mon grand-père étaient après parler à travers la barrière, à la manière des vieux, quand je les ai dérangé et ça a choqué mon père. »

Le voyageur dit, « Mais quoi c'est qu'i parlaient pour qu'était si tellement important. »

I dit, « I faisaient des préparations pour le mariage de mon grand-grand-père qui s'en vient dans quelque temps. »

Le voyageur dit, « Ton grand-grand-père ? »

« Ouais, » i dit.

Le voyageur dit, « Et quel âge lui, il aurait ? »

I dit, « Lui, i va bien vite faire cent-vingt ans. »

Le voyageur dit, « Et i va se marier ? »

« Well, » i dit, « c'est pas qu'i veut se marier, mais il a fait une tite erreur et il est obligé. »

Le poulet aux trois cuisses

I y a un homme de la ville qui s'avait perdu un jour, et i s'a trouvé sur un tit chemin de campagne. Et en passant, il était après manière guetter pour quelqu'un pour y donner des directions, et i a vu un poulet après courir à côté de son char. Et quand i l'a regardé, le poulet l'a passé comme une balle. Il a regardé comment vite il était après aller, et ça disait trente-cinq miles à l'heure. Il a poussé le gaz jusqu'à quarante miles à l'heure, mais le poulet était toujours en avant. I se rend jusqu'à cinquante miles à l'heure, mais i pouvait toujours pas attraper le poulet. Là le poulet vire à gauche pour aller dans une habitation. Le bougre s'arrête et tourne lui aussi pour aller voir.

I voit un vieux dessus la galerie de la maison. I dit, « Tu connais quelque chose pour este poule qui sort arriver ? »

Le vieux dit, « Ouais, c'est une des miennes. »

Le bougre dit, « Mais j'ai jamais vu la pareille affaire. » I dit, « Comment ça se fait que este poule court aussi vite ? »

Le vieux dit, « Viens, je vas te montrer. » Ça fait, i l'amène derrière la maison. Et là dans la bassecour, i y avait des centaines de poules après courir aussi vite que l'autre dans toutes les directions. Et quand il a bien observé, il a vu que chaque poule avait trois pattes.

Le bougre dit, « Quoi c'est ça ? »

Le vieux y dit, « C'est des poules qu'on a développé spécial ici. » I dit, « La plupart du monde, ça aime les cuisses et les fausses-cuisses dessus une volaille. Ça fait, on a développé des poules avec trois pattes. Et c'est ça que t'as vu. C'est pour ça que c'est si vite. »

Le bougre était étonné. I dit, « C'est magnifique, mais ça a le même gout ? »

Le vieux dit, « On connait pas. On a pas réussi à en attraper une pour l'essayer. »

Le prêtre et la sœur dans le désert

I y avait un prêtre et une sœur qu'étaient après traverser le désert dessus un chameau. Au milieu de nulle part, le chameau a crêvé, juste tombé droite-là mort.

Le prêtre dit, « Ma sœur, on est foutu. » I dit, « On a pas de chance pour le faire. On est trop loin de tout quelque chose. On a pas assez d'eau pour pouvoir se rendre en quelque part assez vite pour être sauvé. Ça fait, » i dit, « si t'as besoin de te confesser avant de mourir, je sus ici pour entendre ta confession. »

La sœur dit, « Mais, Père, » a dit, « j'ai pas rien pour confesser. » A dit, « J'ai jamais fait arien de mal et, » a dit, « je peux pas croire que je vas mourir sans la seule chose que j'aurais voulu dans ma vie. »

Le prêtre dit, « Oh oh, » i dit, « quoi c'est ça serait ? »

A dit, « J'aurais toujours voulu voir un homme nu. »

Le prêtre dit, « Hmm ! J'avais peur que ça aurait été quelque chose comme ça. » I dit, « Écoute, ma sœur. » I dit, « C'est pas le moment asteure pour ruiner tes chances pour aller au paradis en regrettant que t'as manqué ta chance d'avoir un homme. »

« Non, Père, » a dit, « juste voir, c'est tout. »

« Juste voir ? » i dit.

« Juste voir, » a dit.

« Mais, » i dit, « peut-être que i y a pas de mal là-dedans. Peut-être que je pourrais exaucer ton désir. » I dit, « Après tout, on est foutu quand-même. Ça fait, juste entre nous-autres, peut-être que je pourrais faire ça pour toi. » Et i se met à se déshabiller.

Quand il était tout nu comme un ver devant elle, a se met à le regarder. Et ça a eu un effet naturel sur lui, on peut croire. Quand alle a vu ça, alle a devenu fascinée. A dit, « Mais Père, quoi ça c'est pour ? »

« Ma sœur, » i dit, « ça, ça donne la vie. »

« Mais, Père, » a dit, « enfonce ça dans le chameau et allons s'en aller. »

Le prêtre et son bedeau

L
e prêtre a rencontré son bedeau un jour et i y a demandé pourquoi i l'avait pas vu depuis quelque temps. Le bedeau dit, « Well, Père, on se croise pus. C'est tout. »

Le prêtre avait remarqué que son vin baissait plus vite que ça devrait dans le sacristère. I se faisait une idée que c'était le bedeau qu'était après y en voler. I dit, « Ouais, mais, je te vois pus seulement dans le confessionnal. Tu viens pus te confesser du tout. » I dit, « I faut que tu te confesses de temps en temps. C'est bon pour ton âme. »

Ça fait, le bedeau pouvait pas s'échapper. I dit, « Je vas venir samedi. »

Samedi arrive, et comme de fait, le bedeau arrive pour se confesser. I se met dans le confessionnal et i frème le rideau et i commence à se confesser. Quand il a eu fini, le prêtre dit, « Ouais, mais, c'est pas tout, ça. » i dit, « Qui ce qui prend le vin du prêtre ? »

Le bedeau dit, « Hein ? »

Le prêtre dit, « Qui ce qui prend le vin du prêtre ? »

Le bedeau dit, « On dirait je peux pas t'entendre, Père. »

Le prêtre crie plus fort, « Qui ce qui prend le vin du prêtre ? »

Le bedeau dit, « Père, c'est bien drôle, mais on peut pas entendre arien du tout bord icitte. »

Le prêtre se lève et i fait le tour et il ouvre le rideau à côté. I dit, « Allons changer de places, hé bein. »

Le bedeau se lève et i s'assit dans la place du prêtre. Le prêtre s'assit l'autre bord ayoù le bedeau avait été. Et i dit encore, « Là, asteure, qui ce qui prend le vin du prêtre ? »

Le bedeau dit, « Qui ce qui couillonne avec la femme du bedeau ? »

Le prêtre dit, « Hein ? Tu sais, t'as raison. On peut pas entendre arien du tout bord icitte. »

Le bougre à bicycle

I y avait un commis voyageur qu'était après essayer de finir sa journée. Il avait pas vendu grand-chose et il était après aller joliment vite. Il était sur un tit chemin de campagne après aller à peu près quarante miles à l'heure quand il a vu un jeune tit bougre dessus un bicycle après la même direction que lui à la gauche. I l'a passé, et pis il a regardé dans son miroir pour voir si le tit bougre était OK. I le voit après gagner sur lui, et là le tit bougre l'a passé.

Le commis voyageur pouvait pas croire que le tit bougre l'avait passé à bicycle. I pousse sur le gaz et i l'attrape et i le passe encore. I regarde et il était après aller proche cinquante miles à l'heure. I regarde dans son miroir pour voir ayoù le tit bougre était, et i le voit après gagner sur lui encore. Le tit bougre le passe encore comme une flèche.

Le commis voyageur se choque et il enfonce son pied sur le gaz. I rattrape le tit bougre et i le passe encore. Il était rendu à plus que soixante-dix miles à l'heure. I regarde dans le miroir et i voit le tit bougre après venir encore et i le passe encore.

Là sa curiosité dépasse sa colère. I se dit, « I faut j'arrête pour voir quoi c'est qui se passe avec ce tit bougre. » Ça fait, i commence à aller plus doucement, et i voit qu'il est après rattraper le tit bougre encore.

Quand le tit bougre est égal avec lui, i sort sa tête de sa vitre et i crie, « Comment c'est que t'arrives à aller si vite dessus ton bicycle ? »

Le tit bougre y répond, « Écoute, Monsieur, je vas t'expliquer n'importe quoi tu veux. Juste laisse-moi déprendre mes bretelles de dessus ton miroir. »

Le trou dans le mur

I y avait un prêtre qu'était en amour avec une femme qui restait au bord du village. Il aurait voulu passer un tit brin de temps avec elle, mais elle, alle était mariée, et son mari était beaucoup jaloux d'elle. I la quittait pas seule trop souvent. Elle, a trouvait le prêtre de son gout, elle aussi, et alle aurait aimé essayer de le rencontrer pour un tit élan, mais c'est pas aisé de rencontrer un prêtre quelque part ayoù le monde va pas les voir.

Ça fait, le prêtre a eu une idée. Il a dit à la femme de faire à manger pour elle et son mari le soir, comme tous les jours, et de laisser tout quelque chose d'autre à lui. Et il a passé dans l'après-midi, quand il a vu le mari partir pour aller au magasin pour tirer sa vache, et il a trouvé une place dans le mur de leur maison ayoù i y avait un nœud. Il a poussé sur le nœud et i l'a ôté pour faire un tit trou ayoù i pouvait voir leur salle à manger. Et là i s'a caché.

Quand le mari a revenu, sa femme avait servi la table. I s'ont assis et ils ont commencé à manger. Le prêtre a été ayoù il avait percé le trou et i regardait dedans.

I se met à crier, « Hé, hé, hé ! Arrêtez ça ! »

Le mari dit, « Qui dans le tonnerre c'est ça ? »

La femme dit, « Mais, c'est comme si je reconnais

la voix de notre prêtre. »

Le prêtre dit, « Ouais, c'est moi, et je peux vous voir après faire l'amour droite là dessus la table dans votre salle à manger. »

Le mari dit, « Mais on est pas après faire l'amour. On est après manger. »

Le prêtre dit, « Je sus pas fou. Je peux vous voir par este tit trou dans le mur, et je peux voir que vous-autres est après faire l'amour droite-là devant moi. »

Le mari dit, « Je peux pas comprendre. On est juste après manger. »

Le prêtre dit, « C'est peut-être le trou, mais c'est ça moi, je vois. »

Le mari dit, « Laisse-moi voir ça. »

Ça fait, le mari a sorti dehors et il a été joindre le prêtre. Il a regardé dans le trou, et i pouvait voir sa femme assis tranquille à la table. I dit, « Je peux voir ma femme à la table, mais alle est pas après faire arien. »

Le prêtre y dit, « Espère. Moi, je vas aller là dedans et là tu vas voir. » Ça fait, le prêtre a été dans la maison, et lui et la femme ont commencé à faire l'amour dessus la table.

Le mari, lui, i regardait par le trou et i voit ça. I dit, « Hé, je peux vous voir après faire l'amour dessus la table ! »

Le prêtre dit, « Tu vois, et pourtant on est juste après manger, comme toi, t'avais dit. C'est curieux. »

La femme dit, « C'est vrai, bèbe. On est juste après manger comme nous-autres t-à l'heure. »

Le mari dit, « Mais, ça, c'est fort quand-même !

C'est pas ça que ça semble. Mais arrêtez pas de manger. Moi, je vas boucher ce trou pour pas que personne d'autre ait une mauvaise impression de nous-autres. »

Ça fait, le mari a bouché le trou. Quand il a eu fini, il a rentré dans la maison, mais le prêtre et sa femme avaient fini de manger.

Le whisky à Mayer

Ida avait des frères qui faisaient du whisky dans le bois en arrière de la Pacanière, au long du Bayou Teche. I parait que c'était du bon whisky aussi. Et elle et son mari, Valéry, ça vendait este whisky à Lafayette dans leur maison. I y avait un baril de whisky dessus une tite table dans la chambre en arrière, et les voisins venaient avec leurs jogues et leurs jarres pour les remplir. Quand alle était pas occupée à faire quelque chose d'autre, Ida les servait. Mais si alle était après faire son ménage, ou si alle avait de la visite, ça se servait et ça laissait l'argent dans un bocal qu'était dessus la tite table à côté du baril. C'était, comme a disait, «un tit brin contre la loi,» mais ça faisait pas mal à personne et ça faisait la vie aller.

Et un jour, une de ses voisines était là après visiter avec ses deux tits enfants. Et alle a vu un homme passer à côté de la maison par le châssis. A l'a reconnu et a voulait pas déranger sa visite, ça fait, a y a fait signe avec sa tête d'aller se servir comme d'habitude. Pas une minute plus tard, a voit le même bougre s'en aller en courant. A s'a dit, entre elle, à peine il aurait volé du whisky ou l'argent. Et a s'a levé pour aller voir.

Quand alle a arrivé dans la tite chambre en arrière, alle a vu que le baril de whisky avait pris en feu. Alle a su par après que le robinet était bouché et le bougre avait levé le couvert et craqué une allumette pour voir si le baril était vide et le feu avait pris dans le baril.

Ida a essayé d'éteindre le feu elle-même. Alle a crié à sa voisine d'y attraper un drap trempe pour jeter dessus le baril. La pauvre femme avait tellement peur qu'alle a bien attrapé un drap, mais c'était sec, et a l'avait jeté elle-même dessus le baril, et le drap avait pris en feu aussi. La pauvre femme a attrapé ses deux enfants, un dans chaque bras, et alle a parti à la course par la porte d'en avant. A courait dans la rue en criant, «Le whisky à Mayer est après bruler! Le whisky à Mayer est après bruler!»

Ida a arrêté de se débattre avec le feu et alle a été à la porte pour crier, «T'as pas besoin de dire quoi ce qui brule! Juste dis qu'i y a du feu!» Et alle a retourné en arrière pour essayer d'éteindre le feu. A secouait sa tête en disant, «Quoi c'est tu crois i y a avec este folle?»

Les affaires à Jean et Père Hébert

Une fois, i y avait un jeune homme qu'était en amour avec une jeune fille. Ça s'aimait et il aurait voulu la marier. Ça fait, un jour, i y a demandé pour sa main en mariage. La fille dit, « Well, i faudra que j'en parle avec ma mère et pis mon père avant. »

Ça fait, quand alle a retourné chez elle, sa mère était là. A y a parlé de ça. Elle, a s'appelait Marie et lui, i s'appelait Jean. A dit à sa mère que Jean y avait demandé en mariage. Sa mère dit, « Écoute, ma fille, » a dit, « je vas pas te donner ma permission avant que je voie quelle sorte d'équipement qu'il a. » A dit, « J'ai trop miséré dans ma vie avec le petit paquet de ton père. Je voudrais pas que tu faises la même erreur que moi, j'ai fait. Ça fait, » a dit, « tu peux y dire que j'ai besoin de voir son affaire avant de décider. »

La fille dit, « Mais Mam, » a dit, « i voudra pas juste se montrer comme ça à ma mère ! » A dit, « I va jamais accepter de faire ça. »

« Ha ! » a dit, « C'est ma condition, et, » a dit, « si tu dis quelque chose à ton père, je vas dire que t'as menti. »

La fille a parti tout découragée. A pouvait pas s'imaginer que son beau aurait accepté de se montrer à sa mère, et a voyait pas de chance pour se marier.

Alle a été y dire la nouvelle.

A dit, « Ma mère te fait dire qu'a veut examiner ton équipement avant de nous donner sa permission. »

« Quoi ! » i dit, « mais, je peux pas juste aller me montrer comme ça à ta mère. » I dit, « Je vas avoir honte. »

A dit, « Well, c'est ça, sa condition, et ça me semble qu'a va pas céder là-dessus. »

Le pauvre garçon était désolé. I dit, « Faudra que je jongle là-dessus. » Et il a parti en marchant avec la tête en bas. Pas juste qu'il avait honte, mais c'est qu'il avait pas beaucoup une grande affaire pour commencer avec, et il était pas du tout sûr de satisfaire la mère.

Dans son chemin, il a rencontré le prêtre, Père Hébert. Le prêtre y dit, « Mon garçon, tu sembles triste, comme si t'aurais perdu ton meilleur ami. » I dit, « Quoi i y a avec toi ? »

Jean y dit, « Père, je peux pas te dire quoi i y a. » I dit, « C'est pas quelque chose que je peux parler pour. »

Le prêtre dit, « Jean, tu peux me dire n'importe quoi. » I dit, « I y a pas rien que j'ai pas déjà entendu dans le confessionnal. »

« Oh, Père, » i dit, « t'as pas entendu arien comme ça icitte. »

« Ouais, » le prêtre dit, « je crois pas que tu peux me surprendre. » I dit, « Et t'as besoin de parler avec quelqu'un. Tu sembles tellement triste. Et ça va rester avec moi. Je sus pas permis de parler des affaires que le monde me dit dans le confessionnal. »

« OK, » Jean dit, « allons aller dans le confession-nal, d'abord. » Ça fait, ils ont été dans le confession-nal et Jean y a expliqué son tracas.

Le prêtre dit, « Well, t'avais raison. J'ai jamais entendu arien comme ça avant, mais peut-être que je pourrais t'aider. » I dit, « T'aimes la fille ? »

Jean dit, « Oh ouais, Père, je l'aime de tout mon cœur. »

I dit, « Pas de divorce après quelques années, comme ça fait asteure. »

I dit, « Oh non, Père, ça serait pour toujours. »

I dit, « Mais, peut-être que je peux t'aider. » I dit, « Tu vois, ça s'adonne que je sus joliment bien équipé, moi. » Et i dit, « Peut-être que je pourrais me mettre à ta place. » I dit, « Tu fais dire à la mère que tu veux bien faire son test, mais que t'as trop honte pour montrer ta figure. Tu dis que tu vas montrer la partie en question par un trou. Et là, toi, tu vas venir avec moi, et toi, tu vas parler, et moi, je vas montrer mon affaire dans le trou. »

Jean dit, « Père Hébert, tu ferais ça pour moi ? »

« Ouais, » i dit, « si tu me promets que tu vas rester avec elle pour la vie. »

« Oh ouais, » i dit, « assurément. »

« Et bein, fais les arrangements pour telle heure et je vas aller avec toi. »

Ça fait, Jean a expliqué à la fille qu'il avait trop honte pour montrer sa figure, mais qu'il aurait mon-tré la partie en question par un trou dans le plafon-nage du magasin. La fille a expliqué l'affaire à sa mère et ils ont établi un rendez-vous.

Bien avant l'heure appointée, Jean et Père Hébert s'ont rendu en haut du magasin et i s'ont placé. Quand c'était l'heure, la mère arrive avec sa fille. A dit, « Jean, t'es là ? »

I dit, « Ouais, Madame. »

A dit, « Mais laisse-moi voir ça que t'as. »

I dit, « OK, Madame, mais dépêchez-vous, s'i vous plait, parce que ça me fait honte. » Et Père Hébert qu'était à côté de lui, i met son affaire à lui dans le trou.

La mère regarde ça. A dit à sa fille tout bas, « Oh, mais ça, c'est une beauté. » A dit fort, « Jean, c'est bien toi, ça ? »

Jean mentit, « Ouais, Madame. »

A dit, « Mais espère une minute. J'ai pas décidé encore. » A dit tout bas à sa fille, « Je te donne ma permission. Tu seras bien heureuse avec lui. Mais, » a dit, « c'est tellement joli, je veux montrer ça à ta grand-mère. »

A sort et a fait signe à sa mère à elle de venir tout de suite. La vieille femme arrive doucement en marchant avec sa canne. La mère fait signe de regarder en haut. La vieille lève sa tête et a voit ça qui pend dans le trou. A dit, « Ah, mais quoi-ce que l'affaire à Père Hébert fait en haut-là ? »

Les amis brouillés

Une fois, i y avait deux amis qu'avaient tombé en querelle, un LeBlanc et un Sonnier. Eux avaient été des meilleurs amis proches toute leur vie, mais quelque chose avait arrivé et ça se parlait pus du tout. Ça avait été si longtemps que ni un ni l'autre pouvait se rappeler de quoi c'est qu'avait commencé le tracas, mais ça se parlait toujours pas, par principe. Ils ont resté brouillés des années comme ça.

Là un jour, Sonnier a tombé bien malade. Et c'était sérieux. Il était rendu sur son lit de mort. Ses enfants ont venu y parler pour arranger ses affaires. Un dit, « C'est triste de voir que toi et LeBlanc sont toujours brouillés comme ça. » I dit, « Vous-autres était tout le temps ensemble, et là, pus rien du tout. »

Un autre dit, « Ouais, vous-autres devrait essayer de se comprendre, surtout que toi, tu vas peut-être pas durer un tas plus longtemps et, » i dit, « ça serait malheureux de pas régler les affaires avant c'est trop tard. »

Vieux Sonnier, lui, il était pas trop intéressé à se reprendre, mais les enfants l'ont tellement prêché qu'il a décidé de lâcher, qu'il aurait parlé avec son vieux-t-ami, pour les enfants.

Les enfants à LeBlanc, eux, ils ont parlé avec leur

père aussi pour y dire la même chose, qu'i devrait essayer de se comprendre avec Sonnier avant que c'était trop tard pour lui. Il avait pas trop envie, lui non plus, mais ses enfants ont resté après lui assez que lui aussi, i s'a mis d'accord de parler avec le malade. Ses enfants y ont dit, « Mais, il est sur son lit de mort. » Ça dit, « I peut pas se lever. I faudra que tu vas là-bas chez lui pour y parler. »

« Oh, » i dit, « je connais pas pour ça. » I dit, « C'est comme un rendez-vous, ça. C'est supposé de se faire quelque part en public. » Mais i y ont expliqué que l'autre pouvait pas se lever du tout, et i l'ont tellement prêché qu'il a décidé d'aller.

Le jour du rendez-vous, LeBlanc se rend chez Sonnier à l'heure appointée. Les enfants l'ont amené dans la chambre ayoù Sonnier était couché. I se plante dans la porte et i dit, « Sonnier, » i dit, « les enfants m'ont parlé pour me faire venir ici pour essayer de me comprendre avec toi. »

Sonnier y dit, « Ouais, les miens m'ont parlé de la même affaire, moi aussi. »

LeBlanc dit, « Mais, je pense que je sus d'accord de faire la paix, pour les enfants. »

Sonnier dit, « Ouais, moi aussi, je pense, pour les enfants. »

« OK, hé bein, » LeBlanc dit, « mais i y a juste une chose, » i dit. « Si tu crèves pas, ça compte pas non, ça ! »

Les œufs de tourtes en spécial

À la tite grosserie à Jean Vidrine dans le cœur de l'Anse à Guiguiche, l'autre bord de bord icitte, entre ici et là-bas, juste en traversant le petit pont qu'est pus là, le spécial de la semaine, c'est des œufs de tourtes. Jean nous fait dire qu'il en a en masse et qu'il aimerait s'en débarrasser à un bien bon prix, tellement bas qu'on peut pas l'annoncer dessus le radio.

Ça qu'a arrivé, c'est que son beau-frère a été là-bas à la grosserie quelques semaines passées juste avant le commencement de la saison de chasse pour s'acheter des cartouches. Son beau-frère a jamais pu tirer une foutre, et là encore moins frapper une tourte. Ça fait, il a venu pour voir s'i pouvait trouver des cartouches qui pouvaient mettre un tas de plomb dans l'air pour y donner une tite chance. Jean y a dit qu'il avait des numéros 9.

« Oh, non, » i dit, « j'ai déjà essayé ça et c'est pas proche assez. » I dit, « Ça m'en prendrait quelque chose comme des numéros 20. »

Jean y dit, « Mais i y a pas de ça. Ça serait aussi fin de la poudre à figure. »

Son beau-frère dit, « Hé, ça, ça me donne une idée. » Il a été dans les cartouches et il en a défait trois pour vider le plomb. Là, il a été dans la section pour les femmes et i s'a pris de la poudre à figure et il a rempli les trois cartouches avec este poudre. I les a chargées dans son fusil et il a été déhors pour espérer une bande de tourtes.

Après un élan, il a en vu et il a tiré les trois coups dans la bande. Ça a pas tué arien, mais ça a fait tellement un nuage de poussière avec la poudre à figure que ça a aveuglé plusieurs douzaines des tourtes. Ça pouvait pus voler parce que ça pouvait pus voir du tout avec este poudre dans leurs yeux. Ça les a forcé à descendre par terre. Ça marchait tout partout et ça se frottait les yeux avec leurs ailes. Et Jean et son beau-frère avont vite passé les ramasser et pis i les avont mis dans une cage. Et rendu là, ils aviont pas le cœur de y-eux tordre le cou pour les tuer. Ça fait, ils avont décidé de commencer à les élever.

Ça fait, le spécial de este semaine, c'est des œufs de tourtes. Et i y en a en masse, à la tite grosserie à Jean Vidrine dans le cœur de l'Anse à Guiguiche, l'autre bord de bord icitte, entre ici et là-bas, juste en traversant le petit pont qu'est pus là. Mais si on vient de l'autre côté, le pont est toujours là et en bonne condition pour traverser. Et dis à Jean et son beau-frère que je vous ai envoyé. Ils allont peut-être vous donner des cartouches remplies en poudre pour lagniappe.

Les oreilles du mulet

Une fois, i y avait un vieux bougre qu'était après travailler dans son clos avec un nouveau mulet qu'i venait d'acheter. Quand il a eu fini pour la journée, i a dételé le mulet et i s'en allait avec pour le mettre dans l'écurie pour la nuit. Quand ils arrivaient pour passer par la porte du magasin, le mulet s'a braqué et il a commencé à marcher par en arrière. Le vieux bougre l'a tourné, il a fait un rond, et il a essayé encore. Le mulet s'a braqué encore à la porte.

Le vieux bougre a arrêté et il était après jongler, pour essayer de comprendre quoi c'est qui pourrait déranger le mulet autant comme ça. Sa vieille femme qui travaillait dans son jardin avait tout vu l'affaire. A dit, « Hé, vieux ! » A dit, « J'ai vu que ton mulet veut pas rentrer dans le magasin. » A dit, « Tu connais pourquoi ? »

I dit, « Non, je peux pas voir pourquoi. »

A dit, « C'est ses oreilles. Elles sont plus longues que l'autre mulet que t'avais avant. Et quand t'arrives avec dans la porte, ses oreilles touchent en haut et ça y fait peur, et c'est pour ça qu'il est après se braquer. »

Le vieux bougre a fait un autre rond avec le mulet et il a essayé encore de le passer par la porte, et il observait ses oreilles. Et comme de fait, comme sa femme avait dit, quand ses oreilles ont touché en haut, i s'a braqué comme les autres fois.

« Ha, » le vieux bougre dit, « t'as raison, vieille. Il a peur quand ses oreilles touchent en haut. » I dit, « Je connais comment arranger ça. » Et i s'en va dans la maison.

I ressort avec les bons ciseaux de sa femme. Sa femme dit, « Hé, vieux ! » A dit, « Quoi c'est tu crois tu vas faire avec mes ciseaux ? »

I dit, « Mais je vas y couper ses oreilles pour pas que ça touche. »

A dit, « Mais espère une minute. » A dit, « C'est manière brute. Tu crois pas tu pourrais peut-être pas fouiller un tit trou en bas de la porte plutôt, pour qu'i passe ? »

Le vieux bougre dit, « Mais espèce d'imbécile ! Tu peux pas voir que c'est pas ses pattes qui sont trop longues, c'est ses oreilles ? »

Les trois amis à l'enterrement

Trois bougres s'ont rencontré pour l'enterrement d'un de leurs amis. Un docteur, un avocat et un habitant. Ils étaient après parler autour du cercueil de cil-là qu'était mort. Et ils entendaient les autres parler aussi de quelle sorte de vie il avait eu et quelle sorte d'homme il avait été et tout ça.

L'habitant dit, « C'est intéressant quoi c'est que le monde dit après qu'on est mort. Dommage que le mort peut pus entendre toutes les bonnes affaires qu'est dit. »

Le docteur dit, « Mais t'as raison. »

L'avocat dit, « Quoi c'est t'aimerais entendre, si ça serait toi dans le cercueil ? »

Le docteur dit, « Well, moi, j'ai été un docteur pour proche quarante ans dans este même village. » I dit, « J'aimerais entendre, 'Il était un bon homme. Il a sauvé un tas des vies. Il a soulagé les malades. Il a été bon pour nous-autres.' Et toi ? »

L'avocat dit, « Moi, j'ai travaillé à la cour pour à peu près le même temps. » I dit, « J'aimerais entendre, 'Il a aidé le monde qu'était en tracas. Il a essayé de faire ça qu'est juste. Il a arrangé les affaires d'un tas de monde. Il était un bon homme.' » I se tourne à son autre ami et i y dit, « Et toi ? »

L'habitant dit, « Moi, j'ai fait récolte dans este

même voisinage pour aussi lontemps et ça que moi, j'aimerais entendre c'est, « Garde ! Il est après grouiller ! Il est pas mort ! Sors-le de là ! »

Planter des arbres à deux

I y a un bougre qu'était après voyager et son char a cassé. Ça fait, il a appelé pour de l'aide, mais ça prenait longtemps. Et i faisait chaud. Ça fait, il était assis dessus son char après espérer et i voyait deux hommes après travailler sur le bord du chemin loin dans une distance. I pouvait pas voir bien quoi c'est que ça faisait, mais ça travaillait à deux et ça avançait doucement en allant à ayoù lui il était.

I les guettait et il a fini par comprendre qu'ils avaient chacun une pelle. I les observait et il a compris que un fouillait un trou et là l'autre venait en arrière et i remplissait le même trou. Là ils avançaient un bout, et le premier fouillait un autre trou, et le deuxième le remplissait. I les a regardé faire comme ça-là pour un bon demi-mile en gagnant à lui.

Quand ils ont arrivé assez près pour y-eux parler, i dit, « Hé, je sus après vous regarder faire depuis proche une heure. Et c'est pas de mes affaires du tout, non, mais, » i dit, « je sus curieux. Est-ce qu'un de vous-autres pourrait m'expliquer quoi c'est dans le tonnerre que vous-autres est après faire ? »

Un des bougres dit, « Ouais, on peut prendre un break. » I dit, « Moi je sus Gaston, et ça icitte, c'est David. Et on travaille pour la paroisse à planter des arbres sur le bord du chemin. Notre ami Pierre travaille avec nous-autres aussi. On travaille à trois. Moi, je fouille le trou, Pierre prend un arbre dans le truck et i le met dans le trou, et Sosthène remet la terre autour. Mais Pierre est malade aujourd'hui. »

Prier à genoux

Un jour, i y a un commis voyageur qu'a arrivé à une tite maison dans la campagne. C'était joliment tard. La nuit était après venir et il était joliment loin du prochain village. Ça fait il a décidé qu'il aurait pris une chance de demander au monde s'i pouvait rester là pour la nuit.

Le monde était pas riche, mais l'homme a dit que le commis voyageur pouvait rester passer la nuit. I y dit, « Garde, on était justement en train de s'assir à la table pour souper. Si tu veux manger, tu peux t'assir avec nous-autres. »

I dit, « Mais ça, ça serait magnifique. J'ai faim après ma grande journée. »

Ça fait, i s'ont assis à la table et tout quelqu'un dans la famille a baissé leurs têtes et croisé leurs mains et le père a dit une prière. Le bougre était pas catholique, mais il a baissé sa tête aussi et a croisé ses mains comme les autres. I voulait pas offenser ce bon monde. Là ils ont tous bien mangé un bon souper.

Après qu'ils ont eu fini de manger, l'homme dit, « Asteure, si ça te gêne pas, on va aller se coucher. On se couche de bonne heure ici. On se lève de bonne heure, ça fait on se couche de bonne heure aussi. Et on a pas une grande maison. Faudra que tu te couches avec notre tit garçon. C'est la seule place qu'on a. »

Le bougre dit, « C'est bon. Mieux ça que dormir dans mon char. Vous-autres est bien vaillants. » Et i va dans la chambre pour se préparer pour la nuit.

Lui et le tit garçon ont pris chacun leur tour pour se laver. Le bougre a mis la blouse que l'homme y a laissé pour dormir dedans et i s'a mis à côté du lit. Le tit garçon, lui, il a été sur l'autre côté. I s'a mis d'à genoux et il a baissé sa tête. L'homme l'observait, et il a fait pareil comme lui. I s'a mis d'à genoux aussi sur son côté, et il a baissé sa tête pareil comme le tit garçon.

Tout d'un coup, il entend le tit garçon après rire. I lève sa tête et i voit le tit garçon après le pointer au doigt et se fendre de rire. L'homme dit, « Mais quoi i y a ? » Le tit garçon pouvait pas arrêter de rire. L'homme dit, « Mais dis-moi quoi i y a ? Pourquoi tu ris ? »

Le tit garçon a attrapé son souffle et i dit, « Maman va être fâchée avec toi. »

Le bougre dit, « Pourquoi ? »

I dit, « Parce que le pot de chambre est bord ici. »

Prospère et Tit Lou et Clodice et Lily Mae

Prospère et Tit Lou étaient des grands amis. Ça chassait ensemble, ça pêchait ensemble, ça travaillait ensemble.

Un jour, Prospère a arrivé chez son ami. I monte sur la galerie et i cogne à la porte. Clodice, la femme à Tit Lou, vient à la porte en camisole. I dit, « Clodice, » i dit, « j'ai venu pour voir si Tit Lou aurait envie d'aller pêcher avec moi dessus le bayou. »

A dit, « Prospère, » a dit, « Tit Lou est pas ici. » A dit, « Rentre, je veux te parler. »

I dit, « Clodice, je vas pas rentrer dans ta maison si Tit Lou est pas là. » I dit, « Et t'es toujours dans ta camisole. »

A dit, « Prospère, c'est justement pour ça qu'i faut tu rentres. C'est pour ça que j'ai besoin de te parler. » A dit, « Tu connais pourquoi Tit Lou est pas là, droite asteure ? » A dit, « C'est parce que il a été chez toi. I guette quand tu pars et i va chez toi pour se coucher avec ta femme, Lily Mae. »

I dit, » Clodice, je peux pas croire ça ! »

A dit, « Tu peux le croire. » A dit, « Rentre, comme je te dis. Je vas te faire une tasse de café, et je veux te parler de ça. »

Ça fait il a rentré. Et a y a servi une tasse de café. A dit, « Tu connais, ça fait quelque temps que je comprends que Tit Lou est après faire ça. » A dit, « Je voulais pas dire arien avant je connaissais pour sûr, mais là je sus sure. J'ai senti l'essence de Lily Mae dessus son linge équand je l'ai lavé. »

I dit, « Mais Clodice, quoi c'est qu'on va faire ? »

A dit, « C'est pour ça que je voulais te parler. » A dit, « Moi, ça me choque assez mauvais que ça me donne des crises. Et quand j'ai des crises, je tombe en faiblesse. » A s'a levé. A dit, « Viens, je veux te montrer quoi je veux dire. » I s'a levé et a l'a amené dans la chambre. A s'a mis à côté du lit. A dit, « Tu vois là-là, ça me fâche assez, rien qu'à parler de ça, que je peux sentir une faiblesse après me prendre. C'est pour ça que j'ai pas ôté ma camisole encore. Et c'est pour ça que je me mets à côté de mon lit, pour si je tombe, je vas tomber dans mon lit. »

I dit, « Mais, je vas te dire, Clodice. Ça me fâche aussi, moi. »

A dit, « Des fois, je crois que je voudrais me venger. »

I dit, « Mais ça serait peut-être une bonne idée, ça. J'ai manière envie de me venger aussi. »

Et il avait pas bien fini de dire ça, que la camisole à Clodice a frappé le plancher et alle a tombé en faiblesse dessus son dos dans le lit. Le cover-all à Prospère a tombé proche aussi vite dessus la camisole à Clodice et Prospère a tombé dessus Clodice. Et i s'ont vengé.

Un élan après qu'ils avaient fini de se venger, Clodice dit, « Prospère, équand je jongle à Tit Lou avec Lily Mae, ça me fâche à chaque fois. I devrait pas faire ça avec moi. »

Prospère dit, « Mais Clodice, je comprends ça t'es après dire. Je sus pas proche content moi non plus. Mon meilleur ami et ma chère femme. »

A dit, « J'ai manière envie de me venger encore. »

I dit, « Moi aussi. » Et i s'ont vengé encore.

Quelques minutes plus tard, Clodice dit, « Prospère, tu connais je sus une bonne femme pour Tit Lou. J'y lave son linge, et j'y cuis à manger, et je garde notre maison bien propre. » A dit, « I devrait pas me traiter comme ça. » A dit, « J'ai envie de me venger encore. »

I dit, « Je sus toujours pas content, moi non plus. » Et i s'ont vengé encore.

Encore quelques minutes plus tard, Clodice dit, « Prospère, je sus toujours manière fâchée. » A dit, « Comment toi, tu te sens ? »

I dit, « Clodice, je commence à croire que c'est juste des charades, tout ça. » I dit, « Je sus pas proche aussi fâché que quand tu m'as premièrement parlé de ça. »

I se lève. I se rhabille. Et i part. En sortant de la maison, i prend le tit chemin pour retourner chez lui. I rencontre Tit Lou qu'était après revenir dessus le même tit chemin. I dit, « D'ayoù toi, tu sors ? »

Tit Lou dit, « Je viens de passer chez toi pour voir si tu voulais pas aller pêcher aujourd'hui. »

Prospère dit, « Mais ça c'est drôle. J'ai venu ici à ta maison pour voir si toi, tu voulais pas aller pêcher. »

Tit Lou dit, « Garde, j'ai des cannes et une glacière dans le garage. Allons les attraper et aller. T'auras pas besoin de retourner chez toi. » I dit, « Ta femme était manière de travers équand je l'ai vu. »

Prospère dit, « Ça, c'est une bonne idée. » I dit, « Tu connais, c'est drôle. Ta femme à toi était manière de mauvaise humeur, elle aussitte. »

Et les deux amis ont passé toute la balance de la journée après pêcher tranquille dessus le bayou. Quand ils ont retourné à chacun leurs maisons tard dans l'après-midi, leurs femmes étaient juste après se réveiller. Les deux femmes semblaient bien contentes, pourtant. Un bon somme et une bonne pêche, ça peut arranger un tas des affaires.

Repartir la machine

Un jour, Thibodeaux a été à la pêche avec Boudreaux dans son nouveau bateau. Ils ont été dans le bois pour voir si les patassas étaient après mordre. Boudreaux allait doucement entre les arbres et i levait sa machine chaque fois qu'i passaient par-dessus un log en bas de l'eau, et i l'a rebaissait après. Sa nouvelle machine était pas bien montée, et à force de la lever et la rebaisser, alle a venu à se détacher. Après juste quelques minutes, la machine a tombé dedans l'eau.

Boudreaux crie, « Oh yaïe ! » I dit, « Thib, viens avec moi dans l'eau et on va la sortir. »

Thibodeaux dit, « Non, je veux pas me caler dans l'eau. » I dit, « Allons au bord, et on va chercher du câble et on va l'emmarer. »

« Non, » Boudreaux dit, « Je veux pas laisser ma nouvelle machine comme ça. » Et il a sauté dans l'eau après lui seul.

Thib, lui, i s'a penché pour voir quoi c'est que l'autre faisait en bas-là, et il a vu son ami après haler la corde dessus la machine pour tout ça i y avait moyen, après essayer de partir la machine en bas de l'eau. I l'a regardé pour un élan, après escouer sa tête. Puis là i crie, « Espèce de couillon ! Hâle ton choke ! »

Soigner les gaimes

Mon père élevait des gaimes batailleurs quand j'étais jeune. Je l'aurais pas pris pour un homme qu'aurait aimé la violence, mais les batailles de gaimes faisaient partie de notre monde. En tout cas, il en avait quelques-uns derrière notre maison dans Lafayette.

On avait déménagé au village quand j'avais à peu près cinq ans. Mon père avait devenu barbier après la guerre et comme la plupart de ses voisins et de ses parents qu'avaient grandi dans la campagne au nord de Scott, i s'avait rendu au village pour travailler, pour avoir un chèque toutes les semaines, au lieu de s'endetter pour un an à travailler les clos pour en sortir chaque année juste à temps pour retourner là dedans pour la prochaine saison. Proche tout le voisinage d'Ossun avait déménagé à Lafayette dans le même petit voisinage autour de l'église de Saint-Antoine sur la vieille plantation de Rufus Peck que ses héritiers avaient divisé en petits terrains. Toutes ces familles de la campagne ont préservé leurs habitudes dans ce nouveau monde. Le principe du coup de main, par exemple, s'a facilement transféré et faisait partie de la société.

Ce monde, juste arrivé de la campagne, avait pas l'habitude de prendre des vacances. Premièrement, i y avait tout le temps quelque chose à faire sur l'habitation, même dans le temps mort de l'hiver entre la dernière récolte et la première semence. Et encore, partir en voyage était bien rare. Ça prenait un cheval ou un mulet qui pourrait autrement être après travailler dans les clos. Et ça prenait aussi une bonne raison, comme une maladie, une noce ou une mortalité dans une partie de la famille qui s'avait établi un peu loin. On pouvait arriver à voyager, mais c'était rare et i y avait toujours une raison.

Les vacances, c'était une nouvelle affaire qu'on avait appris des Américains, une affaire de la ville ayoù on travaillait à la semaine pour un salaire. Ces nouveaux-arrivés auraient bien pu travailler 52 semaines par an sans vacances. Ils en avaient bien l'habitude avant. Et asteure i y avait déjà deux jours à la fin de chaque semaine qu'on travaillait pas. Mais on voyait les autres faire. On voulait se conformer ; c'était en plein dans le temps qu'on sentait le besoin de devenir Américains. C'est comme ça que mon père a décidé de partir en vacances une année. Il a dû s'informer comment faire et où on pouvait se rendre. Dans le temps, les Cadiens de Lafayette avait pris l'habitude d'aller en Floride, à Pensacola ou surtout à Destin. Ça fait qu'on allait partir en vacances comme de bons Américains pour passer une semaine à Destin comme de bons Cadiens.

Mais pour quitter la maison, i fallait faire des arrangements. Fermer la maison, parler avec les voisins pour qu'i gardent un œil sur nos affaires, pour que quelqu'un fauche la cour et arrose les fleurs et le jardin. Tout ça, c'était pas trop dur, parce que c'était couvert par le principe du coup de main qui était encore en force, même si la raison était pas une urgence, mais une nouvelle démangeaison. Nos voisins étaient beaucoup plus proches que dans la campagne. C'était encore nouveau de se trouver si près. On était encore un peu surpris qu'on peuve se parler à travers de la barrière (quand i y en avait une). Et c'est comme ça que mon père a demandé au voisin derrière la maison de soigner ses gaimes tandis qu'on était en vacances. Et c'est comme ça que notre voisin de derrière la maison, ami d'à travers la barrière de mon père est devenu responsable pour ses quelques cages de gaimes.

Et c'est comme ça que mon père a fini par arrêter de parler avec son voisin de derrière la maison, parce que quand on a revenu de nos premières vacances d'une semaine en Floride, mon père a trouvé que tous ses gaimes étaient crevés dans leurs cages. Son voisin avait oublié la commission, peut-être en partie parce qu'elle était tellement pas familière. Une mortalité, une noce ou une maladie aurait peut-être gardé l'attention, mais des vacances, c'était une idée qui s'avait pas encore fait une place dans notre monde. En tout cas, n'importe quoi qui pouvait être la raison, les gaimes étaient crevés pareil. Mon père a jamais dit arien. Il avait pas besoin d'explications ; les gaimes étaient bien morts dans leurs cages, sans eau et sans nourriture. I y a pas eu d'excuses non plus. I y a juste eu une fêlure dans la société. Les deux voisins ont travaillé leurs jardins pendant une bonne dizaine d'années, un chaque bord de la barrière, sans jamais se dire un autre mot.

Un autre jour, quand j'avais à peu près seize ans, j'étais à la pêche avec mon père. I m'amenait pêcher avec lui depuis que j'avais six ou sept ans. Il aurait pu avoir beaucoup plus de paix s'il avait fait la pêche avec un de ses amis de son âge. Il aurait pas eu à démêler ma ligne quand je me faisais prendre. Il aurait eu une conversation plus à son niveau. Mais i m'amenait moi, parce que (i m'a dit beaucoup plus tard) c'était pas juste pour pêcher, c'était pour passer du temps avec moi. J'ai appris beaucoup de lui dans notre bateau, comme j'apprenais de lui dans les champs à la chasse ou dans les savanes à cheval ou dans la maison à la table. Ce jour, on sortait du bois pour changer de place. Et quand on a tourné à gauche pour aller au long de la levée, on a vu un homme qu'était après avoir du tracas avec son bateau au milieu du canal. Les règles de l'eau demandent qu'on donne de l'aide à quelqu'un qui en a de besoin. Ça fait qu'on a viré pour aller à l'autre bateau. En approchant, mon père a reconnu son voisin de derrière la maison. Il a arrêté sa machine. L'autre s'a aperçu de nous. Il a crié, « Hey, Cazeau ! Une chance que t'es là. Je peux pas partir ma machine. Tu pourrais me haler au landing ? »

Mon père a hésité quelques secondes. Là il a crié, « Ouais, mais, tu te rappelles quand je t'avais demandé de soigner mes gaimes, quand on a été en vacances à Destin ? »

L'autre a crié, « Ouais, mais, Cazeau, ça fait des années de ça. »

Encore quelques secondes, et mon père a crié,

« Ouais, mais mes gaimes sont toujours morts. » Et i l'a regardé un bon moment. Les deux hommes se regardaient sans rien dire. Là mon père a donné du gaz à notre machine. Et il a tourné en allant à l'autre bateau. I y a garroché une ligne, sans dire arien, et on l'a halé jusqu'au landing. L'autre a démarré la ligne et i l'a garroché à nous. Quand je la ramassais, j'ai vu notre voisin faire un signe de sa tête. J'ai tourné pour voir mon père aussi faire un signe de ses sourcils. Et on a parti.

Quand on était rendus dans une autre de nos places, avec les lignes à l'eau, mon père m'a dit, « Tu vois, i faut jamais croire que t'auras pas besoin de quelqu'un. »

J'ai dit, « Ouais, mais, tes gaimes ? »

I dit, « Asteur i connait combien ça vaut. I connait aussi le prix de son erreur. »

Moi aussi.

Streaking dans la maison des vieux

Madame LeBlanc était dans la maison des vieux depuis plusieurs années. Un jour, alle a eu l'idée qu'alle aurait streak. Alle avait été un tit peu trop vieille dans le temps que ça avait été populaire, dans les années 1970. Pour dire vrai, alle avait été trop caponne aussi. A venait d'une famille respectable et alle avait peur de ça que le monde aurait dit, si on l'avait attrapé. Mais rendu là, à son âge, i y restait pus grand-chose à craindre, et a jonglait souvent comment a se regrettait de pas avoir streak quand alle avait la chance.

Ça fait, a s'a décidé que ce jour-là, c'était le temps d'effacer son rêve. A s'a déshabillé tout nue comme un ver, et alle a sorti de sa chambre pour courir dans le hall. Mais courir à l'âge de 18 ans et courir à son âge, c'était deux différentes affaires. A s'en allait aussi vite qu'a pouvait, mais c'était joliment doucement, un pas en avant de l'autre. I faulait faire attention de pas se casser une hanche dans son aventure. Alle allait pas vite, mais alle avait le plus beau sourire, fière et soulagée en même temps.

Après quelques minutes, a voit vieux M. Babineaux et vieux M. Richard appuyés contre le mur après parler. C'était les premières personnes qu'a voyait. A s'en venait à son tit train. M. Babineaux et M. Richard la regardaient avec de gros yeux. I y avait jamais eu arien comme ça avant dans este maison de vieux. I l'ont regardé passer tout doucement avec son sourire canaille jusqu'à qu'a les a passé et alle a tourné le coin dans l'autre hall.

M. Babineaux se tourne de bord et i dit, « Hé, c'était pas Madame LeBlanc, ça ? »

M. Richard dit, « Je crois bien que ouais, mais t'as vu comment alle était habillée ? »

I dit, « Pas trop bien, alle était après aller joliment vite, mais tu crois pas qu'alle aurait dû repasser son linge avant de se promener dans les halls devant le monde comme ça ? »

Trop vite

Un jour, un jeune officier était après guetter le chemin entre le Pont-Breaux et Lafayette. Il avait eu un tit brin de pratique et il avait juste commencé à travailler lui tout seul.

T-à l'heure, i voit un char qui venait à la pleine course. La machine ronflait, tellement qu'a forçait. Ça l'a passé comme une balle. L'officier avait pas un radar ou arien comme ça, ça fait il a sauté dans son char et il a parti après. Quand il a réussi à l'attraper, il a vu qu'ils allaient proche 80 miles à l'heure. Il a mis ses lumières et il a fait signe au bougre d'arrêter.

Quand le bougre s'a aperçu qu'il était attrapé, i s'a halé à côté du chemin. L'officier a débarqué et il a marché à côté de l'autre char. I fait signe au bougre de baisser sa vitre. Le bougre dit, « Quoi faire tu m'as arrêté ? »

« Quoi faire je t'ai arrêté ? » L'officier dit, « Parce que t'étais après aller un tas trop vite, c'est ça pourquoi. »

« Trop vite ? »

« Ouais, trop vite, je calcule proche 80 miles à l'heure. » I dit, « Donne-moi ta licence, tes papiers et ta preuve d'assurance.

Le bougre dit, « J'ai pas de licence. J'ai jamais eu une licence. Et j'ai pas d'assurance. Et je connais pas si i y a des papiers dans la boite-là, parce c'est pas mon char. Je l'ai volé hier. Tu peux regarder, si tu veux, mais je vas te dire droite asteure que tu vas trouver qu'i y a un pistolet là-dedans. »

L'officier pouvait pas croire ses oreilles. Il était tellement nerveux qu'i suait à grosses gouttes. I sort son pistolet et i dit, « Grouille pas. Comment ça se fait que t'as un pistolet dans la boite ? »

« Well, » i dit, « c'est ça que j'ai usé pour tuer la femme qu'est dans le coffre. »

« Quoi ! I y a une femme morte dans le coffre ? Grouille pas ! » Tout son bras tremblait. I se dit entre lui-même, « J'ai besoin d'appeler pour de l'aide. » Ça fait, il appelle le shérif. I y dit, « Ecoute, i faut tu viens vite. Je sus sur le chemin entre le Pont-Breaux et Lafayette, l'autre bord du chemin de la vieille place à Camille Hébert. Et j'ai arrêté un bougre dangereux. Viens aussi vite que tu peux. »

Le shérif a arrivé dans rien de temps avec les lumières et la sirène. Il a arrêté son char en glissant, et i vient en courant, aussi vite qu'un vieux bougre de deux-cents et quelques livres peut courir. I dit, « Quoi i y a icitte ? »

L'officier le hale à côté et i y dit, « Il était après aller trop vite, proche 80 miles à l'heure, ça fait je l'ai arrêté. Et quand j'y ai demandé pour sa licence, ses papiers et sa preuve d'assurance, i m'a dit qu'il avait pas de licence, pas de papiers et pas d'assurance, et qu'il avait un pistolet dans la boite qu'il avait usé pour tuer la femme qu'est dans le coffre. »

« Fils de poteau ! » Le shérif dit, « Laisse-moi faire avec cil-là. » I sort son pistolet et i va au char.

Le bougre dit, « Pour l'amour de Dieu ! Pourquoi t'as sorti ton pistolet ? »

Le shérif dit, « Mon député me dit que t'as pas de licence, pas de papiers, pas d'assurance et que t'as un pistolet dans la boite et une femme morte dans le coffre. »

Le bougre, « J'ai ma licence droite là. » I la sort de son portemonnaie et i la donne au shérif. I dit, « Mes papiers et ma preuve d'assurance sont dans la boite. Tu peux regarder pour toi-même, mais i y a pas un pistolet là-dedans. J'ai pas un pistolet du tout. Et i y a surement pas une femme morte dans le coffre. »

Le shérif fait bien attention en ouvrant la boite, et i trouve les papiers et la preuve d'assurance, mais pas de pistolet. I dit au bougre de sortir du char et d'ouverre le coffre. Le bougre sort doucement, et il ouvre le coffre. Le shérif regarde en dedans et i voit juste un jack et un tire, pas de femme.

I dit au bougre, « Je peux pas comprendre pourquoi mon député m'aurait dit tout ça. »

Le bougre dit, « Je parie que ce vaurien t'a dit que j'allais trop vite aussi. »

Un gros poisson

Iy a un bougre qu'était après charrer avec son ami pour la belle pêche qu'il avait fait le jour avant dans le marais en arrière de sa maison. I dit, « T'aurais dû voir le gros machouaron qu'était accroché sur ma palangue. Ça s'adonne que j'avais un pied du roi avec moi dans ma boite et i mesurait dix-huit pouces entre les deux yeux. »

Son ami dit, « Whoa ! Ça c'est joliment fort. » I dit, « T'es sûr de ton affaire, là ? »

I dit, « Quoi, t'es après dire que je sus menteur asteure ? »

« Non, non, » l'autre dit, « c'est pas ça, mais c'est joliment loin dix-huit pouces entre les yeux d'un machouaron. »

« Well, » i dit, « c'est ça que j'ai mesuré. »

L'autre y dit, « Well, je connais qu'i y a des drôles d'affaires dans este marais. » I dit, « Moi-même, une fois i y a pas trop longtemps, j'étais après pêcher là-dedans et j'ai accroché quelque chose à côté de la vieille chousse dans l'anse du nord. Je croyais que j'avais un bébé de barbue, mais quand je l'ai levé, j'ai vu que c'était une lampe. Une de ces vieilles lampes à coal-oil, tu connais ? Et comment tu crois, este vieille lampe-là était toujours allumée. L'eau gouttait, mais a brillait assez pour lire une lettre écrit à main. »

« Hmmm ! » i dit, « ça, c'est joliment fort aussi. »

L'autre y dit, « Well, c'est comme t'as dit, on est pas après mentir. »

I dit, « Non, mais, i dit, « je vas te dire quoi. Moi, je vas ôter dix pouces sur ma mesure, si toi, t'éteins ta lampe. »

Une seule balle

I y a un homme qu'avait envie d'aller chasser un jour. Ça fait i dit ça à sa femme. A dit, « Tu peux aller, mais reste pas trop longtemps au bois. J'ai besoin de toi ici pour aider avec les petits. »

I dit, « Je vas juste prendre une balle. » I dit, « Comme ça, je vas pas rester trop longtemps. »

A dit, « Je vois pas que ça vaut la peine d'aller au bois avec juste une seule balle. »

I dit, « On va voir. » Et i part.

Arrive au bois, i voit un beau grand chevreuil juste l'autre bord d'un petit bayou. I pense entre lui-même, « Quelle chance ! Ça va donner un tas de la viande pour ma famille. » I prend son temps, i mire bien (parce qu'il avait juste une seule balle) et i tire, tue le chevreuil raide-mort. I se dit, « Une chance que j'ai mis mes bottes. » Et i traverse le bayou pour aller le chercher.

Quand il arrive l'autre bord, i voit qu'il a pas seulement tué le chevreuil, mais que la balle a passé à travers le corps et ça a fait un trou dans l'arbre qu'est juste en arrière, et i y a du miel qui coule du trou. Oh, mais là il est bien excité. Avec une seule balle, il aura pas seulement de la viande de chevreuil, mais du miel aussi. Mais il a pas arien avec lui pour collecter le miel, ça fait i se penche pour attraper un morceau de bois pour boucher le trou jusqu'à plus tard, mais au lieu d'attraper un morceau de bois, il attrape la patte d'un lapin qu'était droite-là. Le lapin commence à s'escouer. Ça y fait peur et i jette le lapin dans les herbes. Ça tombe dessus quatre perdrix, les assomme. I peut pas croire sa chance. I va ramasser les perdrix, i les met dans sa carnassière. I ramasse le lapin, i le met aussi. I trouve un morceau de bois, bouche le trou pour sauver le miel. I met le chevreuil dessus ses épaules et i prend sa carnassière et i revient pour traverser le bayou.

Il est tellement chargé qu'i cale un peu et l'eau passe par-dessus de ses bottes et ça se remplit. Quand il arrive à l'autre écore, i sent que quelque chose y pique les jambes. I jette tout son gibier par terre et i se dépêche pour ôter ses bottes. Quand i les vide, i trouve ça qui le pique, c'est une demi-douzaine de patassas dans chaque botte.

Ça fait qu'il a son chevreuil, son lapin, ses perdrix et une douzaine de poissons, et le miel qu'i va revenir pour collecter plus tard, tout ça avec une seule balle.

Table

Du même auteur

Suite du loup, Moncton, Éditions Perce-Neige, 1998.